에디슨
봉이 김선달
두바이에
상륙하다.

에디슨 봉이 김선달
두바이에 상륙하다.

2022년 4월 11일 초판 1쇄 발행
지은이 최상원
책임편집
디자인
펴낸곳 생각의집 /
출판신고 2018년 11월 27일 제 2018-000084호
주소 경기도 파주시 회동길 219 2층
전화 1877-5574 / **이메일** soaprecord@gmail.com

ⓒ최상원(저작권자와 맺은 특약에 따라 검인을 생략합니다)
ISBN 979-11-92293-12-7

이 책은 저작권법에 따라 보호받는 저작물이므로 무단전재와 무단복제를 금지하며,
이 책 내용의 전부 또는 일부를 이용하려면 반드시 저작권자와 생각의 집의
서면동의를 받아야 합니다.

에디슨 봉이 김선달 두바이에 상륙하다.

저자 최상원

ohk

들어가며

글을 쓰면서.

본 책의 저자 본인은 작가도 아니고 전문작가는 더더욱 아니다. 그러므로 대 발명가(Inventor, Creator)의 사상의 핵심 전달이 다소 미진할 수 있겠지만 객관적으로 볼 수 있는 정확성은 더 투철할 것이다. 저자는 책의 주인공을 가까이서 보고 듣고 느낀바를 최대한 객관적으로 작성했다.

21세기 들어 에너지위기, 기후변화, 각종 전염병, 국가적 분쟁 등 한치 앞을 가늠할 수 없는 이 위기의 시대에 맨주먹으로 세계 각 대륙을 종횡무진으로 돌파하는 가난한 농사꾼의 아들, 세계적 발명가의 도전과 성공 스토리를 적어 젊은 청년들에게 새로운 활력소가 되기를 바라는 마음을 이 책으로 전한다.

독자 여러분의 이해와 성찰을 바란다.

저자 최상원

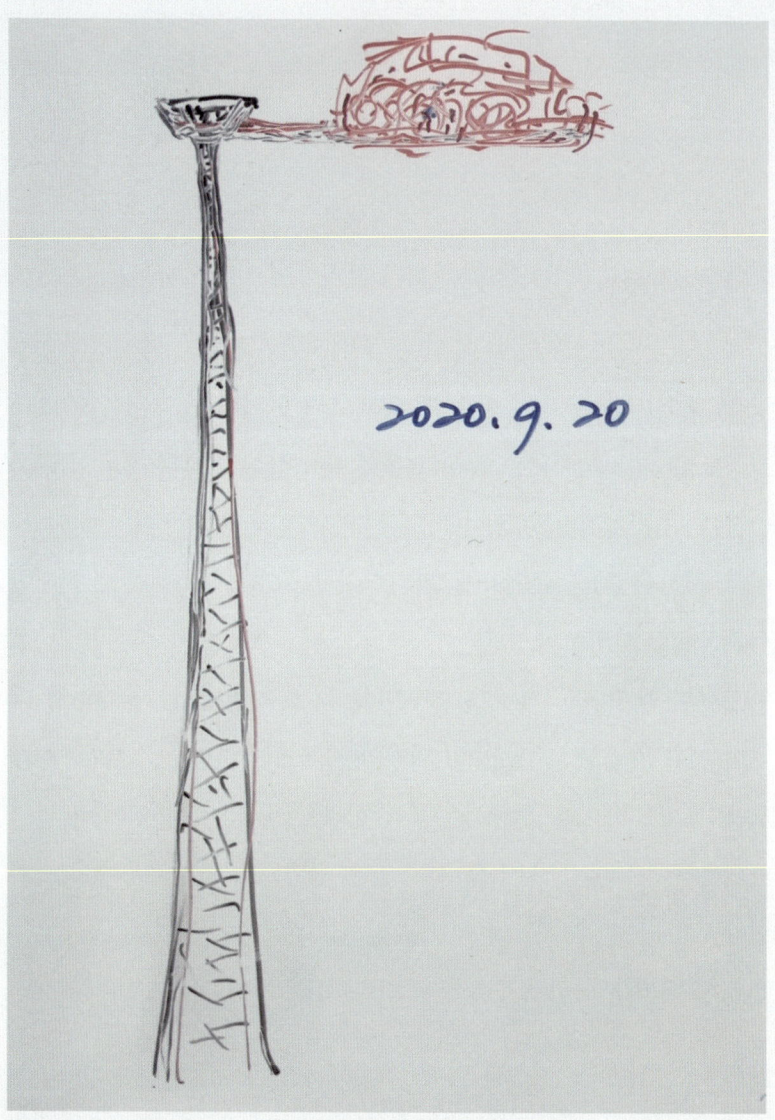

2020년 9월 20일 하나님이 엄청난 예지력을 주심에 감사한다.

거룩하신 주님
한없이 부족한 저를 통해 여호와 하나님의 능력을 믿지 않는
온 천하 만국의 우매한 자에게 주님의 영광을 보게 하시니
모든 감사와 영광을 주님께 바칩니다. 아멘.

Inventor Letter

"세상은 넓고, 할일은 많다"
"시련은 있어도 실패는 없다"

6·25전쟁을 겪고 산업화시대를 연 우리나라 국가 경제발전의 영웅이 남긴 어록입니다.

이제 이 시대를 지나 21세기는 기술, 정보, 인터넷, 인공지능, IT(Information Technology:정보통신기술), BT(Bio Technology:생명공학기술), ET(Energy Technolgy:에너지기술) 등의 분야는 물론 에너지, 환경위기, 코로나, 초강대국의 힘겨루기 등 국경을 초월해 한 치도 예측할 수 없는 시대에 살게 되었습니다.

물가 폭등, 부동산과 주택가격의 폭등, 석유 등의 원자재 가격 폭등, 환율 폭등과 같은 현상은 전 세계 국가에 닥친 공통된 위기입니다.
이 위기의 시대에 코로나19로 하늘 길이 폐쇄되고 세계의 국경이 막힌 2020~2022년 사이 기적을 연 스토리입니다.

기술과 아이디어, 꿈만으로 60~70년간 발전해온 글로벌 기업들을 단숨에 뛰어 넘은 테슬라의 성공스토리. 이런 성공 스토리는 우리에게 꿈을 줍니다.

특히 젊은 청년들에게 꿈은 가장 큰 소망이고 재산입니다.

일본에 방문했을 때, 이와타상이(교토대 법대를 나와 노무라 증권에서 능력을 인정받았던 ESSCOM JAPAN의 이사) 내게 해준 얘기가 있습니다.

"아무리 머리가 좋아도 자본을 못 이기고, 자본도 꿈을 가진 사람을 못 이긴다"고.

나는 자유의 정신을 가장 소중히 생각합니다.

어떤 것에서도 억압받지 않는 자유의 정신과 자유로운 사고.

결국 이를 이룰 수 있는 곳이 최고의 유토피아입니다.

자유는 곧 창조이기 때문입니다.

창조는 발명이며, 발명은 곧 부의 원천이기 때문입니다.

나는 "첫째, 시간이 없다 않겠다. 둘째, 돈이 없다 않겠다."라고 20대 시절 비망록에 신년 묵상을 적었던 적이 있습니다.

이 말이 말도 안 되는 모순 같지만,
자세히 음미해 보면 시간과 돈은 모두 자신의 의지의 산물임을 깨닫게 됩니다. 물론 많은 시간과 수많은 역경의 터널을 지나야 되지만.

신기술과 브랜드를 개발하여 세계화를 이루겠다는 꿈은 패기 넘치는 젊은 청년 시기에 가질 수 있는 독보적 영역입니다.
나에게도 젊은 시절 꿈을 가지게 된 계기가 있었습니다.
20대 시절 지인과 함께 우연히 들린 종로 철학관(점집이 아님) 선생님의 말씀 때문입니다.
"당신은 나중에 성공을 해서 큰 부를 이룰 것이다"

그러면서 2가지를 당부했습니다.
"첫째, 공부를 더 하지 말 것"
"둘째, 철학관에는 다시는 가지 말 것"
나는 그때 순간 생각했습니다. 별 이상한 사람도 다 있고만, 공부를 해야 출세를 하지~.

공업학교 때부터 전기를 공부한 나는 그 후 서울의 모 대학의 철학과에 편입했는데 시간이 없어 지금도 미완의 입장이지만 세월이 지나 살펴보니 빌게이츠, 스티브잡스 등 세계적 사업가들도 학업을 마치지 않았음을 알게 되었습니다.

고난과 역경을 헤쳐 나갈 때 꿈은 큰 힘을 줍니다.
나에게 주신 하나님의 꿈,
"하룻밤사이에 이루어지는 사마리아성의 기적의 역사의 꿈을 주신 하나님 감사합니다."
그래서 책의 제목을 "에디슨(공학적 사고와 기술), 봉이 김선달(상상을 초월하는 발상의 전환)의 "두바이 상륙"으로 정했습니다.

미력하나마 이 책을 통해,
말이 안 되지만, 말이 되는 얘기.
스타트업 발명 기술로 두바이의 투자그룹 전문가들에게 기술력과 비전을 통과시키고 코로나19의 죽음의 계곡을 넘나들며 단번에 1 Billion Dollars 계약 성공 스토리를 소개 하고자 합니다.

숨 막히고 긴박했던 자세한 스토리는 다음 기회, 다른 책에서 자세히 적기로 하고 이번 책에서는 개괄적인 것을 소개하게 됨을 알립니다.

두바이 사우드회장이 투자자로 동행한 남미의 계약서에 서명을 끝내고 코로나 사태로 초를 다투는 마지막 비행기 탑승시간에 쫓기면서도 여러 사람 앞에서 한 말.
"Only for one person. Mr. Lee"

참으로 모든 사람, 특히 나를 감동시킨 이 말이 기억에 생생합니다.

"나는 하나님 나라의 부의 씨앗의 정보를 창출하는 남자이다"

빛의 사자 Power Lee 이장헌

발명가 에디슨

전등·음향·전지·전화 등 전기관계를 중심으로 1,000건 이상의 특허를 얻어낸 천재 발명가. 우리들은 에디슨의 발명으로 현대 문명을 누리고 있다.

강물을 팔았다는 봉이 김선달

천재적 지략과 두둑한 배포로 상상을 초월한 발상의 전환자

프롤로그

얼마나 잤던 걸까. 사람들 소리에 떨어지지 않는 눈꺼풀을 뜨며 잠에서 깼다. 깨어나 보니 비행기가 인천공항에 착륙하고 있었고 승객들은 내릴 준비로 부산스러웠다. 내 옆자리의 외국인 승객은 나보다 더 피곤했는지 그때까지도 잠을 자고 있었다.

잠들기 전 그의 얘기로는 그 역시 코로나19를 피해 남미에서 황급히 탈출했다고 했다. 이내 잠에서 깬 그는 나와 눈이 마주치자 멋쩍게 웃었다. 나도 그에게 웃음으로 화답하며 말했다. "We are safe! Safe now!" 위험을 함께 건너온 사람들로서 동지애가 느껴지는 안도와 축하의 순간이었으리라.

나는 그날 입국하자마자 공항에서 곧장 격리시설로 옮겨졌다. 해외에서 입국하면 일정기간 격리를 해야 했기 때문이다. 다른 사람에게 감염의 위험이 있을 테니 당연한 조치겠지만, 외국에서 범죄자가 압송되어 오면 이런 식일까 하는 정도로 사람들과의 접촉을 통제 받으며 이동되었다. 전 세계가 코로나 확진으로 사망자가 속출하고 있는 시기였다.

그런데 격리시설로 옮겨지고 다음날 나는 코로나19 확진 판정을 받게 되었고 그 순간 나도 죽을 수도 있다는 생각이 스쳤다. '아, 아직 죽으면 안되는데... 이제 시작인데... 앞으로 해야 할 일이 정말 많은데... 이 프로젝트를 마무리 할 사람이 나 뿐인데... "Only for one person. Mr. Lee" 라는 칭송을 들은 지 이제 하루가 지났는데..'라고 읊조렸다.

∴위대한 탈출: 또 다른 전설을 쓰다

드디어 기다리던 연락이 왔다. 계약서 초안에 대한 검토가 끝났으니 세부 내역을 조율하고 정식 계약서를 작성하기 위해 입국하라는 것이다. 우리는 전담팀을 꾸려서 약속 날짜보다 이틀 먼저 남미에 입성했다. 비행기가 남미 영공에 들어선 순간 나는 입술을 깨물었다. "이 드넓은 남미의 땅에 ESSCOM을 보급해서 이들의 삶을 더욱 행복하게 하자!" 이런 다부진 각오로 공항에 내렸다.

공항에서 입국수속을 하는데 코로나19로 인해 그 전에 왔을 때보다 유난히 분위기가 어수선했다. 전 세계적으로 코로나19가 시작되어 공항은 몹시 혼잡했고 무질서해 보였다. 힘겹게 공항을 빠져나와 호텔에서 TV를 켰더니 뉴스에서 반갑지 않은 소식이 들렸다. 이제 막 입국한 이 나라에서 국경을 봉쇄하겠다는 내용이었다. 입국 예정이었던 다음 비행기들은 모두 취소되었고, 자국 내에 있는 외국인들도 3일 안에 전원 출국하라는 긴급 명령이 내려졌다. 미팅 당일 날 바로 출국하게 생긴 것이다. 이런 황당할 데가 또 있을까?

일단 우리는 계약 실무자와 전화 통화를 했다. 코로나19로 사람들의 이동을 제한하는 락다운은 시작되었지만 미팅은 예정대로 진행할 수 있다는 답을 받았다. 미팅이 취소되지 않은 것은 다행이었지만 계약 진행에 빨간불이 들어온 것이다. 외부 출입도 자유롭지 않은 상황이라 약속 장소도 우리 일행이 머무르는 호텔로 변경되어 이동경로는 줄어들었지만 최대한 신속하게 계약을 진행해야 당일에 출국이 가능해 보였다.

마치 전쟁으로 인한 비상계엄 상태처럼 거리는 인적을 찾을 수 없었고, 호텔 밖으로 외출은 제재 당했다. 나는 호텔 안에서 불안한 마음으로 입에 맞지 않는 음식을 먹으며 시간을 보낼 수밖에 없었다. 밖은 시간이 멈춰진 것처럼 조용했다.

TV에서는 우리가 입국한 날부터 코로나19 확진자 수가 급격히 증가되기 시작했다고 했다. 우리가 바이러스를 가져온 것도 아닌데 괜히 마음이 불편했다.

코로나19 확진자가 더 급증해서 이틀 사이에 혹시라도 미팅이 취소될까봐 불안한 마음으로 시간을 보냈다. 마침내 약속 당일, 우리는 그들에게 전화를 걸었다. 코로나19 상황이 더 안 좋아졌지만 미팅은 진행한다는 것이다. 천만다행이었다. 계약을 위해 지구 반 바퀴를 돌아 왔으니 미팅을 하겠다는 것이 당연한 얘기인데도 감사하게 느껴졌다. 약속은 오전 10시였지만 마음이 급한 우리 일행은 일찍부터 모여 서류 확인을 거듭하며 기다리고 있었다.

하지만 시간이 지났는데도 실무자들이 오지 않았고, 연락을 해보니 약속시간을 점심식사 시간 이후로 미루자는 것이다. 알고 보니 코로나로 인한 정부의 비상회의 소집으로 긴급 일정이 잡혀 오전 약속을 지키지 못하고 미팅시간이 지연된 것이다. 그러면 우리에게 상황을 미리 알려 줄만도 한데 우리가 전화를 할 때까지 연락을 주지 않아 우리를 초조하게 했다. 오늘 내로 외국인들은 출국을 하라고 했는데 시간이 지체되고 있으니 말이다.

오후 4시가 되서야 실무자들이 도착했다. 시간이 늦어진 만큼 우리는 빠르게 계약을 진행해야만 했다. 간단한 인사를 마치고 곧바로 본론에 들어가야 했고 신속하게 브리핑하고 계약을 진행했다.

계약을 마치고 우리는 차 한잔 마시며 담소를 나눌 시간도 없이 빨리 공항으로 출발해야 했다. 짧지만 진하고 굵은 만남을 뒤로하고 우리는 미리 챙겨둔 가방을 들고 서둘러 공항으로 가야했다.

계약을 위해 두바이 투자그룹 회장도 남미로 와주었는데 공항에서 헤어지면서 내게 "Only for one person. Mr. Lee" 이라고 말했다. 현재 사업 파트너인 두바이의 투자그룹 회장은 정말 대단한 사람이다. 은행과 투자 분야에서 30년 이상의 경험을 가지고 있는 그는 자본금 50~70조 규모의 투자 회사 회장을 10년째 역임하고 있다. 그의 영향력과 맨 파워가 어떠한지 한마디로 말해주는 프로필이다. 그는 미국, 유럽 등의 금융가에서 세계적인 큰 손 중 한사람으로 알려져 있고 인맥과 파워는 상상을 초월한다. 그래서 언제나 안전을 최우선으로 움직인다. 그런 그가 코로나19로 세계가 우왕좌왕하는 상황이지만 나를 위해 남미로 왔다고 말해 주었다. 이는 계약 성공과 더불어 나에게는 큰 감동이었다.

그런데 문제는 그때부터였다. 우리가 일정을 앞당겼기 때문에 미리 예매해 둔 비행기표는 무용지물이 됐다. 정상적으로라면 취소하고 재발권을 하면 되지만, 국경폐쇄로 외국인 모두가 출국을 해야 하는 지금은 상황이 달랐다. 재발권이 안 된다는 것이다. 어쩔 수 없이 오늘 출국 가능한 비행기표를 새로 사야 했고, 오로지 현금으로만 가능했다.

내가 가진 돈을 건네주자 손을 내저었다. "No, Only US dollars!" 달러화만 받겠다는 거다. 가진 달러를 모두 모아서 가까스로 비행기 표를 구할 수 있었다.

우리가 탄 비행기가 그 나라를 떠나는 마지막 비행기 편이라는 것은 이륙하고 나서야 알게 되었다. 사흘 동안 긴장 속에 있다가 비행기를 타고서야 안도가 되었다. 비행기가 이륙하자마자 식은땀이 나기 시작했다. 미팅을 기다리며 긴장된 상태로 먹은 현지의 매운 음식이 탈을 낸 것이다. 빨리 한국으로 돌아가 쉬고 싶을 뿐이었다.

우리는 중간 경유지인 카타르 도하에 도착했다. 도하 공항은 남미 공항에 비하면 큰 규모의 국제 허브 공항이다. 거기서 한국행 비행기로 갈아타야했다. 일행 중 두바이 담당자들과 우리는 작별해야 했다. 전쟁터에서 살아나와 각자의 조국으로 돌아가는 안도의 마음으로 그들과 뜨거운 포옹으로 다음 만남을 기약하며 헤어졌다.

한국행 비행기에서 잠들기 전까지 나는 남미 출발부터 품에서 놓지 않은 내 손가방을 꽉 움켜쥐었다. 가방에는 계약서가 들어 있었기 때문이다. 지난 사흘간의 일들이 파노라마처럼 머릿속을 지나갔다. 기적이 이루어 진 것이다.

"마침내 창조의 날, 승리의 날"을 소망하면서 잠을 이룰 수가 없어 밤새 기도와 묵상으로 지세다가 05:00 시가 자나서야 뒤척이면서 잠깐 잠이 들었다.

그런데 잠깐 잠이 든 사이 꿈을 꾸었는데 하나님께서 예쁘고 아주 똑똑한 천사를 보내시어 나의 이마에 손을 대고 안수기도로 축복해 주시었다.

주님, 중요한 날에 천사를 보내시어 이마에 기름 부어 안수하고 축복하여 주시니 감사합니다. 아멘.

목차

들어가며 04
Inventor Letter 08
프롤로그 14

파괴의 원리:
혁신하려면 먼저 부서뜨려라

- 신은 나를 천재로 만들었다 26
- 1 billion dollars, 1조원의 사나이 46
- 당신에게는 자유와 창조의 정신이 있는가 58
- 나스닥에 상장하면 정말 기가 막힐 것 70

창조의 원리:
최고는 항상 최악에서 나온다

- 개발자가 사는 방법 80
- 감옥에 다녀왔습니다만 86
- 개천에서 용이 나게 하려면 96
- 제2의 원자폭탄을 발명하다 106

희망의 원리:
세계 시장에서 기적을 발명하다

- 두바이의 기적   120
- 50억을 거절한 사나이   134
- 호랑이 사냥과 언 땅에 헤딩하기   140
- 맨발에 슬리퍼 신고 일했던 시절   154
- 제2의 에디슨으로 태어난 남자   164

계몽의 원리:
제2의 에디슨은 어떻게 탄생했는가

- 이장헌의 인생관, 철학관, 사업관   176
- 월드와이드 파워브랜드 - ESSCOM   194
- ESSCOM STORY   204

에필로그   224
나의 철학, 나의 길   228

아무도 혁신을 원하지 않는다.
혁신은 파괴를 동반하기 때문이다.
멀쩡한 현실이 하루아침에 부서지는 걸
누가 보고 싶어 하겠는가?
그러나 위대한 창조는 언제나 기존 질서를
파괴한 뒤에 찾아온다.

신은
나를
천재로 만들었다.

"핵심가치를 볼 수 있는 지혜와 안목을 가지고 이 가치를 지키고 꽃피우기 위해 하나님께 몸부림 쳐 부르짖어 기도하는 집념의 인생의 소유자에게는 하나님은 반드시 그를 부의 산(진정한 천재, 멋쟁이로 변신)의 정상에 서게 하리라"

스마트폰 하나면 세상을 움직인다. 참 편리한 세상 아닌가? 예전에는 상상도 못한 것이 휴대폰 하나만 있으면 가능하다. 나는 전기 전문가로 살고 있지만 인터넷 세상도 흥미롭다. 내가 원하는 것이면 무엇이든 찾아서 볼 수 있어서 좋다.

얼마 전 유튜브에서 성공에 대한 강의를 재미있게 본 적이 있다. 강사는 "사람이 천재로서 인정받으려면 최소한 60세는 되어야 한다."고 했다. 머리만 좋다고 다 천재가 아니라는 거다. 일류대학을 나오고 천재다, 수재다 하는 사람들을 보면 단순한 기억력이나 암기력 등이 남보다 뛰어나서인 경우가 많다. 하지만 내 생각에 천재는 바로 "입체적 사고를 가진 사람"을 뜻한다.

생각의 입체성

나도 그 의견에 동감이다. 사고, 그러니까 생각이라는 것은 입체적으로 해야 하는 것이다. 그러려면 반드시 '경험'이라는 재료가 필요하다. 복잡한 분석이 수반되는 입체적 사고 능력은 젊은 시절인

20~30 대에는 쉽게 얻어지지 않는다.

그렇게 경험과 연륜이 쌓여 노련해질 때가 60세쯤이다. 1회전 60년을 거치면서 온갖 풍파, 단맛, 쓴맛, 별의별 것 다 경험해서 판가름된다. 수십년간 이렇게 훈련된 사람이 천재다. 그러니까 천재는 만들어지기도 힘들지만 그렇게 되기까지 상당히 오랜 시간이 걸리는 가치 있는 것이다.

나도 이제 60대에 들어섰다. 나이로만 보면 천재로 인정받을 수 있는 시기가 됐다.

항상 깨어 있으면 당신은 천사, 하나님이 되는 길이 있습니다.

당신은 사랑하는 사람에게 평소에는 천사, 환란의 날 위기의 결정적 순간에는 하나님이 되십시오. 그러려면 당신은 위기를 볼 수 있고 대처할 수 있어야 합니다.(수십년간 이렇게 훈련된 사람이 천재입니다)

혹시 당신은 그를 사랑한다고 하면서 결정적인 순간에 그에게 잘못된 판단을 하게 하여, 완전히 망하게 하는 장본인 아닙니까?

당신이 평소에는 천사, 결정적 위기의 순간에는 조언이든, 아이디어든, 금전적이든 그를 위기에서 구하는 응답하는 '하나님' 되어 주는 주인공 되시길 기도합니다. 물론 이 소중함을 아는 사람을 당신의 친구, 사랑하는 사람으로 선택하시는 축복이 함께하시기를 소망합니다.

혹시 이런 사람, 평소에도 별로 도움이 안 되면서 안 보이다가, 위기의 순간에는 물론 연락도 안 되다가, 잔칫날에는 꼭 나타나서 숟가락 들고 말이 많은 사람이 되기 보다, 비방보다 격려를, 헐뜯기보다 더 좋은 대안을 제시하는 사람이 되십시오. 그러면 천재 소리를 듣습니다. 아멘.

ESS 기술에 대해 수학적, 과학적, 공학적으로 설명하고 있다.

천재들이 학교 수업을 거부하는 이유

이론 위주의 학교 공부보다 현장에서의 실습과 경험이 훨씬 가치 있고 유용하다. 역사상 최고의 천재들과 대단한 성공을 이룬 사람들은 거의 대부분 학교를 일찍 그만두었다는 사실을 알고 있는가. 그들이 학교를 떠나는 이유는 공부하기 싫어서가 아니라 이론과 단순 암기의 주입식 교육을 거부하는 것이다.

왜 천재들은 기존 학교 교육을 거부할까? 남들은 다 다니고 졸업하는 학교를 왜 떠날까? 혹시 그들은 낙오자이고 비정상적인 것은 아닐까? 그들은 남다른 창의력, 창조 정신이 바탕에 있고 이것이 바로 그들 삶의 모토가 된다. 그들은 새로운 것을 경험하기를 두려워하지 않는다. 오히려 기뻐하고 적극적으로 즐긴다.

천재들은 구속되기 싫어하며 자유와 창조를 좋아한다. 그래서 기존 질서와 뒤처진 교육에 자동적으로 거부 반응을 일으키는 것이다. 자유롭게 자신의 창조력을 마음껏 펼치는 이들은 엄청난 일을 저질러 세상을 깜짝 놀라게 한다. 그리고 내가 생각하는 성공하는 천재는 자기가 좋아하는 것이 무엇인지 알고 그것을 가지고 놀 줄 아는 사람이다. 일도 놀이로 하는 사람이다. 자유로운 놀이에서 상상하지 못한 창조가 일어나는 것이다.

인생을 보는 눈이 일반적인 경험의 소유자가 보는 것과 다르다.

나는 이것을 "기존질서의 파괴행위"라고 정의한다. 범법자가 된다는 의미이다. 죽음, 패가망신이 될 수 있다는 것이며, 누구 눈치 보거나, 후대의 평가는 필요 없는 전사(검투사처럼 남을 죽이는 것이 임무이며, 즉 나도 죽을 수 있다는 것)의 책무를 다하는 것이다.

단지 부를 만들었다고, 지위고관 대작이 되었다고, 유명인사가 되었다고 승리. 성공의 범주가 아니다.
진정한 "기존질서의 파괴행위"
산은 산, 물은 물, 공자, 윤리 도덕, 이런 것은 "기존질서를 파괴하는 전사에겐 해당 없는 단어이다"

평범이란 단어가 좋기는 하지만, 평범을 벗어나야 만이 출애굽(가난과 핍박, 종 생활) 할 수 있다. 내가 출애굽 하는 배를 만들고 선장까지 되든지, 아니면 헛짓거리에 시간, 마음, 몸 허비하지 말고 그 선장을 찾아라. 그 선장을 만나게 해달라고 기도하라.

세상에 태어난 이상 숙명이다. 수 억마리의 정자가 끊임없이 헤엄쳐 난자에 1등으로 도달해 태어난 모든 생명은 모두 승리의 DNA를 가지고 있다. 승리와 성공을 위해 뛰는 본능은 가장 아름다운 원초적 모습이다. 인생은 결코 망설이거나 포기해서는 안 된다. 싸워서 이겨야 한다.

단, 사람은 동물과 달리 두뇌로 이기는 게임을 하는 것이다. 성공은 사고의 산물이며, 용기있는 결단과 행동하는 자만이 성공에 이를 수 있음을 명심해야 한다.

미래를 향한 꿈이 없는 자는 가난하다.

그들에게는 가진 것을 잃을지 모른다는 두려움이 있다. 미래를 향한 꿈이 없어서다. 물론 꿈을 가진다고 해서 그것이 당장 실현되는 마법이 일어나지는 않는다. 또 지금 누리는 것을 계속 유지한다는 보장을 할 수도 없다. 꿈은 미래를 위한 것이기 때문에 현재의 희생을 요구한다. 누구나 꿈을 가질 수는 있지만 꿈을 실현시키는 것은 소수인 이유가 이것이다. 하지만 오랜 기간 훈련한 군인이 강한 전투력을 습득하듯 꿈은 인생의 특공대 훈련이다.

꿈을 갖는 것은 누구나 할 수 있다. 그러나 꿈을 이루는 것은 고된 훈련을 통과한 소수의 것이다. 만약 누군가 에디슨처럼 살겠다고 작정하면 어떻게 되나?

편하고 좋은 길을 놔두고 어려운 길로 가기는 쉽지 않다. 그것이 위대하고 가치 있는 일이라고 해도 말이다. 사명감이나 성공을 향한 열망 등은 사람에게 큰 동기가 된다. 나의 경우에는 나만의 고유한 사고방식과 철학관이 작용했다고 생각한다.

사상과 철학

몸집은 단신이지만 백묘 흑묘론을 수용하여 공산주의 사상으로는 절대 수용 불가한 개혁개방 정책을 거침없이 결단하여 13억 인구의 방향타를 잡은 거인이 탄생한 나라.

앞선 창업자이며 잘산다는 것에 대한 경험이 전무 한 모택동이 시험무대에 오뚜기처럼 살아 등장해 오늘날 세계 최강국 미국에 유일하게 맞서게 만든 실질적 건설 주역.

이런 철학과 사상이 일사불란하게 전파되어 움직이는 조직. 달나라, 화성에 우주선을 보내고, 세계 1등 첨단 제품이 즐비한 나라. 이 모든 것의 핵심에는 그들만의 사상과 철학이 발전, 숙성 되었다. 실로 무서운 것이다. 세계 역사상 이런 큰 제국이 탄생된 사례가 없기 때문이다.

그들이 최고 영도자에 이른 과정은 바닥부터 출발한 사람이 된다는 것. 낙하산부대가 될 수 없다는 것. 권력이 3일천하가 아니라 영속적으로 일사불란하게 움직여지는 것. 비아냥, 비판적으로 볼 것이 아니라 눈여겨 살펴볼 대목이다.

어차피 새우등은 고래싸움에서 터지고, 약자는 스스로 힘을 키우기 전에는 눈치보면서 사는 것이기 때문이다.

이스라엘이 나라 없이 2,000년간 헤매다 강원도 면적의 겨우 2배, 인구 1,000만도 안되면서 제국의 대열에 선 것은 공자, 맹자같은 사람이 없기 때문 아닐까.
그들에게는 오직 후츠파 정신이 있을 뿐이다.

*후츠파: 본래 히브리어로 「뻔뻔함, 담대함, 저돌성, 무례함」 등을 뜻하는 말로, 오늘날 후츠파 정신은 어려서부터 형식과 권위에 얽매이지 않

고, 끊임없이 질문하고 도전하며, 때로는 뻔뻔하면서도 자신의 주장을 당당히 밝히는 이스라엘인 특유의 도전정신을 뜻한다. 전문가들은 형식 타파, 질문의 권리, 섞이고 섞임, 위험 감수, 목표 지향성, 끈질김, 실패로부터 교훈 얻기 등을 후츠파의 7가지 요소로 보고 있다.

철학으로 개발을 하다

나는 전기공학을 전공한 후 직장 생활을 하며 평소 관심 있는 대학에 편입해서 부전공으로 철학을 공부했다. 기초과학을 바탕으로 한 전기공학을 전공하지 않았다면 철학과에 입학했을 것 같다. 얼핏, 전기공학과 철학은 전혀 상관이 없어 보인다.

내 주전공인 전기분야를 공부하고 연구하는 모든 과정에서 나의 개인적 철학이 개입되었다. 과학은 과학 그 자체만으로 되는 게 아니다. 이공계 분야뿐만 아니라 인문학, 철학, 순수 문학까지도 과학의 연구에 영향을 많이 준다. 그래서 더 위대하고 놀라운 기술들이 계속 발명되는 것이다.

   개발자와 발명가들은 새로운 시대의 개척자이다. 개척자는 아직 발견되지 않았거나 아무도 발을 들이지 않은 세계에 남보다 먼저 용감히 들어간다. 작고한 애플의 전 CEO 스티브 잡스는 컴퓨터 관련 전공자가 아니다. 그의 디자인적인 천재성이 컴퓨터와 결합해서 세상에서 가장 아름다운 애플 컴퓨터와 아이폰을 만들어냈다.

   그러니까 천재는 이런 것이다. 주특기에 새로운 것을 섞고, 섞고, 또 섞는 사람. 이들은 결코 자기 전공에서만 뛰어난 재능을 발휘하지 않는다. 사람들은 보통 자기의 주 관심사에만 신경을 쓴다. 하지만 이 글을 읽는 당신이 만약 성공하고 싶다면 그것이 나의 전문 분야라고 확신하지 마라. 나의 취미, 다른 관심사가 인생을 바꿀 수도 있으니까. 당신의 취미는 무엇인가? 당신의 두 번째, 세 번째 관심사는 무엇인가? 당신이 선택하고 집중한 것이 당신을 천재 또는 미친 놈으로 만들 수 있다.

하나님은 나를 천재로 훈련시켜 주셨다

나는 내가 다른 사람과 분명히 다른 사고의 구조를 갖고 있다고 느낀다. 젊은 시절부터 지금까지 나는 내 생각이 다른 사람들과 다른 것을 알고부터 내가 별종인가 싶었다. 하지만 이제는 알겠다. 내가 60세를 지나면서 '나는 부족한 인간이지만 하나님이 나를 천재로 훈련시켜 주셨구나. 날이 갈수록 나를 사람들 앞에서 빛나게 하시는구나'하고 느끼게 되었다.

나의 남다른 생각의 세계는 이렇다. 사람이 어떤 경우에는 빠른 직관과 영감으로 행동하고 판단해야 할 때가 있다. 그렇게 해야만 성취할 수 있고 승리할 수 있다. 그러려면 항상 남보다 빨라야 한다. '신속민첩'이라는 말을 나는 참 좋아한다. 나는 항상 이것을 모티브 삼는다.

'남보다 빠르게! 빛처럼 빠르게!'

빛의 사자에게는 맞는 것은 당연히 맞고 틀리는 것도 맞다.
어차피, 길이 없어도 가야하기 때문이다.
가는 곳이 길이고, 만드는 것이 법일 뿐이다.
누구에게 묻지 않는다.

오직 신속민첩과 결단으로 나아갈 뿐이다.
뒤쳐지지 않고, 한눈 팔지 말고, 곁눈질 않고
왜냐고 묻지 않고 오직 바짝 따라오는 자만이 정상에 설 것이다.
나도 모르는 일을 시간 없는데 왜냐고 묻지 마라.

그곳은 부가 산처럼, 바다처럼, 파도처럼 흐를 것이요.
가장 어려운 것이, 가장 쉬운 것임을 볼 것이라.
빛의 사자의 눈동자는 누구를 만나더라도 고요하다.

"빛과 같이 빠른 용기와 결단의 신속 민첩의 자에게는 하나님이 반드시 가난의 굴레에서 벗어나게 하는 축복을 주실 것이다" 아멘.

당신은 나중에 큰 부를 이룰 것이다

내가 20대 중반일 때 친구와 종로에 있는 철학관을 간 적이 있다. 나는 하나님을 믿는 기독교인이라 그런 곳에 관심이 없는데, 종로 거리를 함께 걷던 친구가 불쑥 철학관으로 들어가서 얼떨결에 나도 따라 들어가게 되었다. 친구는 본인이 궁금한 것들을 철학관 선생님께 묻고 조언을 듣고 고개를 끄덕였지만 나는 마음에 와닿는 것이 없어서 가만히 옆에서 앉아만 있었다.

친구가 얘기를 다 들어서 나가려고 일어서는데 철학관 선생님이 내게 말했다. "잠시 앉아보시게. 상담료 달라고 안 할테니 걱정말고 내 말 좀 듣고 가시네나. 청년의 얼굴에서 빛이 나서 좀 자세히 보고 싶어서 말일세." 내 얼굴에서 빛이 난다? 예상 못한 상황이 당황스러웠지만 기분은 괜찮았다. 철학관 선생님이 "일단 자리에서 일어나

보게. 뒤돌아보게. 앞으로 걸어가보게." 요구사항이 많았다.

"내 말을 안 믿어도 괜찮네. 그런데 자네에게서 매우 강한 기운이 느껴져서 들여다 본 것이네. 나는 점쟁이가 아닐세. 하지만 내 눈에는 자네가 나중에 성공을 해서 큰 부를 이룰 것으로 보이네."

나는 순간 어리둥절했다. "청년이 앞으로 뭘 하게 될 사람인지는 나도 모르겠는데 아마도 우리나라 10대 부자 중 한 사람이 될 만큼 큰 인물이 될 것으로 보이네." 엄청난 얘기들인데 믿기지 않고, 현실성이 없어서 거짓말 같았다. 그런데 이 철학관 선생이 돈도 받지 않고 괜히 칭찬을 해줄 이유도 없다. 그래서 정말 그럴 수 있겠느냐고 물으니, "대신 두 가지 당부를 하겠네." 나는 덕담 듣고 가는 셈 치면 된다 싶어서 대답했다. "알겠습니다." 내 답을 들은 철학관 선생님은 내가 지켜할 사항을 말하셨다.

첫째, 더 이상 공부를 하지 말 것.
둘째, 오늘처럼 여기 철학원 같은 곳을 다시는 드나들지 말 것.

공부하지 말라는 약속은 이해 할 수 없었다. 공부를 많이 하라는 얘기는 있어도 하지 말라는 사람은 없었기 때문이다.

두 번째 약속은 내게는 쉬운 일이었다. 친구 때문에 얼떨결에 들어갔지만 하나님을 믿는 내게 철학관은 관심이 없는 곳이기 때문이다. 그런데 내게 왜 이런 약속을 하라고 하는지 이해가 되지 않았다.

그리고는 철학관을 나오는 우리에게 마지막으로 이런 얘길 하셨다. "나중에 크게 성공해서 혹시 내 생각이 나거든 여기 한번 찾아와서 차 한잔 합세!" 듣기 좋은 덕담을 들은 것 같아서 그날 하루 기분 좋았다.

많은 세월이 흘러서 나이가 들고 성공한 지금에 와서는 가끔 종로의 철학관 선생님이 생각나곤 한다. 그때는 당부의 뜻을 알지 못했다. 지금 생각해보니 그 철학관 선생님의 말씀이 여러모로 맞았다는 생각이 든다.

그 이후 종로를 갈 기회가 없었다. 지금이라도 그때 그 골목을 찾아 가보면, 철학관 선생이 아직 계실까? 만약 만나게 된다면 차 한잔도 좋지만 근사한 식사 한 끼를 대접해 드리면서 이야기 나누고 싶다.

두바이 투자 파트너 사우드 회장과 이브라함이사 에게 한국 기념품을 선물했다

하나님 축복하셔서

하룻밤 사이에 이루어지는 사마리아성의 역사의 기적을 주시고,

남 딸 수 없는 수 많은 열매 따게 하시는 축복주시고,

불 바다에서, 사자굴속에서 건져 주시고,

사탄의 목을 자르게 하시고,

네가 알지 못하는 나라가 네게 달려오고,

내가 부르는 나라가 내게 달려오게 하신 축복 주신 하나님,

부가 산처럼, 바다처럼, 파도처럼 밀려오게 축복 주신 주님,

하나님 나라의 부의 씨앗의 정보를 창출하게 하신 주님,

과학적, 공학적 세계적 대발명가로 우뚝서게 하신 주님,

중동 아랍나라 왕의 나라의 성에 주인공으로 입성케 하신 주님,

21세기 코로나의 대홍수를 이겨 기적을 만들어 주신 주님,

이 열왕의 시대에 새 나라를 세우시어 그 국권이 백성에게 흘러들어 가지 않고 영원히 서게 하신 주님..!.

결코 자랑할 일 없이 오직 결과로만 말할 수 있게 하소서..

하나님 주신 새 왕국의 성에 참으로 믿음으로 따라온 백성들만이 하나님의 영광을 볼 수 있게 하소서...

오직 자랑할 일 없게 하소서.. 아멘

1 billion dollars,
1조원의
사나이

우리는 인생의 희망의 항해를 위하여, 어떤 배에든 타야하는 것이다. 내가 만들어 타든 남이 만들어 놓은 배를 타든지, 아님 만들고 있는 배를 타든지, 아님 만드는 배에 동참하든지. 배를 만드는 것도 쉬운 일이 아니다.

지금도 그때의 일을 생각하면 가슴이 요동친다. 코로나19 사태로 국경이 폐쇄되어 해외로 나가는 건 엄두를 못 내던 그때. 마치 천운처럼 UAE(아랍에미리트) 정부가 나에게 특별비자를 발급해줬다.

UAE(아랍에미리트)는 풍부한 석유를 보유한 산유국이라서 자원에만 의존하는 부국으로 알고 있지만 첨단 과학기술이나 서구권 문화, 가치관에도 관심이 높다. 아랍권에서는 처음으로 화성 탐사선을 발사했고 무인 우주선을 발사할 계획도 있다고 한다. 아랍권 최초로 원자력 발전소도 보유하고 있고 수소 에너지 개발에도 참가할 예정이라고 한다. 이렇듯 미래에 장기적 발전 가능성이 많은 국가이다 보니 특정 과학분야에 전문성을 가지고 있는 사람에게 특별비자가 발급되는데 특히, 과학자는 현역 연구자로 최소 10년 이상의 경력을 갖춰야 하고, 내가 그런 케이스로 특별비자를 발급받을 수 있었다.

발급조건이 특히나 까다롭다는 UAE(아랍에미리트)에서 선뜻 내주었다는 것은 나와 ESSCOM 기술을 신뢰한다는 뜻이 아니겠는가.

그래서 나는 두바이로 갈 수 있었다. 두바이는 사막 한가운데 세

에디슨 봉이 김선달, 두바이에 상륙하다

두바이에서 회의를 마치고 기념사진

워진 도시다. 세계에서 가장 높은 빌딩들이 모여 있는 두바이는 투자 금융 중심지, 국제 무역항으로 발전하며 "중동의 뉴욕"이라고 불리는 곳이다.

세계적인 투자자와 계약하다

나를 따뜻하게 환대해준 두바이는 지금도 제2의 고향처럼 편하게 느껴진다. 나는 두바이 현지에서 중동의 투자그룹과 손잡고 ESSCOM 세계화를 위한 투자회사를 만들었고 마침내 지구 반대편인 남미에 진출해서 '1 billion dollars' 계약을 성사시킬 수 있었다.

투자자들은 중동과 전 세계 금융계에서 큰 손으로 불리는 대단한 거부들이다. 그들이 나와 함께 더 큰 일을 계속하자고 투자하고 회사를 만든 것이다. 지구 반대편의 대한민국 촌놈이 세계적인 거부들과 어깨를 나란히 하고 있다. 이 얼마나 믿기지 않는 놀라운 일인가. 그리고 얼마나 대단한가!

한국에서는 자신의 아이디어를 가지고 오랜 기간 열심히 노력을 해서 제품화까지 성공해도 수중에 돈 없고, 투자자가 없으면 그 다음 일을 진행할 수 없다. 거기서 그냥 스톱이고 잘못하면 내 아이디어도 뺏길 수 있다. 이게 우리나라 개발 환경의 현실이다. 새로운 기술을 개발한다고 그걸로 전부는 아니다. 좋은 아이디어로 새로운 기술을 가지고 있어도 제품화되기까지 자금과 투자자도 알아서 구해야 한다. 그야말로 성장하기 힘든 환경이다.

자금이 받쳐주지 못하는 기술과 발명품은 더 이상 진행할 수 없다. 자금 지원이 어려워 빛도 못 보고 묻혀버리는 아까운 아이디어, 기술들이 많다. 자금이 중요한데 현실적으로는 제대로 된 투자자를 만나기가 참 어렵다. 정상적인 투자자를 만나야 투자금도 원활히 들어오고 개발자가 마음고생을 하지 않는다.

투자자가 이상한 사람이라면 일이 꼬이고 만다. 그러면 개발자는 아무 것도 안 했는데도 나쁜 상황에 휘말리기도 한다. 결국 고생만 하고 투자자만 좋은 일 해주는 격이다. 잘못된 투자자를 만나면 이렇게 된다. 개발 사업을 하는 사람에게 흔히 벌어지는 일이다.

과감히 눈을 세계로 돌려버렸다.

아무리 기술이 좋아도 투자자를 만나지 못하면 그 발명은 빛을 보지 못하고 사장되는 일이 다반사이기 때문에 국내에서 투자자를 찾기 보다는 해외 자본을 유치하기 위해 해외 인증을 준비했다. 나는 개발 시점부터 신기술로 국가와 인류를 이롭게 하자는 경영이념으로 ESSCOM의 세계화를 위해 해외진출을 준비 하고 있었기 때문에 그리 어려운 일은 아니었다.

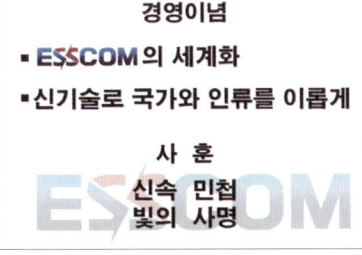

ESSCOM 경영이념

신기술 개발과 인정이 가장 어려운 분야인 전기에너지를 부작용 없이 안전하고 효율적으로 사용할 수 있는 기술을 개발하여 정부의 전문기관에서 과학적, 공학적, 이론적 타당성 및 기술검증을 거쳐 전력신기술을 인정받았지만, 해외 진출을 위해서는 전기 분야의 강국으로 손꼽히는 일본, 미국 특허 취득이 필요했고 끊임없는 기술의 업그레이드를 통해 차례로 특허를 획득하는데 성공했다.

전기분야의 강국인 일본, 미국은 전기분야에서 우리보다 앞서고 긴 역사만큼이나 그들은 우리가 넘을 수 없는 높은 기술력과 노하우를 가지고 있다. 그래서 지금으로서는 미국, 일본 특허 획득은 전기사업에 필수적인 관문인 것이다.

그렇게 나는 전기분야에서 일본, 미국 발명특허를 차례로 따내며 동시에 한국에서는 꾸준히 실적을 쌓았다. 실적이 있어야 수출도 할 수 있고 해외진출이 쉽기 때문이다.

어차피 돈도 빽도 없다.

돈과 빽이 있어도 성공하기 어려운 나라 한국이다. 우리에겐 길이 없기 때문에 선택은 가는 곳이 길이고, 만드는 것이 법일 뿐이며, 우리에겐 교과서가 없으며, 쓰는 것이 역사일 뿐이다. 지구상에서 인류 역사상, 가장 위대한 길을 만드는 것이다.

한국이란 나라에서 세계를 재패할 인재가 자라날 수 있을까?
돈은 없어도 공부라도 받쳐주어 과거시험이라도 합격하면 좋으련만, 그렇지 않으면 무엇으로 활로를 개척해서 살게 하면 좋을 것인가?

에디슨, 워렌 버핏, 빌 게이츠, 마크 저커버그, 일론 머스크. 이름만 봐도 쟁쟁한 인물들이다. 만약 이들이 대한민국에서 태어났다면 현재 그들의 모습은 어땠을까? 아마도 그들이 지금과 같이 명성을 날리는 인물이 되지 못했을 것이다. 발명을 하고 사업을 일으켰더라도 지금과 같은 성공을 거둘 수 없었으리라 생각한다. 사업 하면서 사기꾼 소리 안 들으면 다행이다. 천재를 키우지 못하는 나라, 떠오른 영웅을 슈퍼 히어로로 만들지 못하는 나라. 개발자로서, 발명가로서, 사업가로서 살아온 내가 느끼는 대한민국의 안타까운 모습이다.

대한민국에서 아이디어와 기술로 사업을 키워 성공하기 어려운 이유가 뭘까?

생각만 하는 자는 행동하는 자를 이길 수 없다.

2020년 코로나의 파도는 세계 각국을 덮쳤다. 국경, 비행기는 봉쇄되고 경제활동은 크게 제한 되었다. 세계 각국은 갑작스런 사망자 증가로 혼비백산 되었다. 1~2개월이면 끝날 줄 알았던 코로나는 기약할 수 없었으며, 백신과 치료제는 나오지 않고 있었다. 지구온난화로 속수무책 무너지는 빙하의 모습처럼 항공사, 여행사, 호텔·숙박업, 각 분야 제조업이 무너져 내리고 있었다.

만약 내가 코로나19 사태를 핑계로 한국에만 갇혀 있었다면 아무런 일이 일어나지 않았을 것이다. 기억해야 한다. 생각만 하는 자는 행동하는 자를 절대로 이길 수 없다. 코로나19 상황에서 해외로 나간다는 것은 정말 복잡한 일이었다. 나가고 들어올 때 72시간 이내 검사한 PCR 음성 결과서도 제출해야 하고, 2주간 격리 조치가 되어야 하는 등 절차가 까다로워서 왕래가 거의 불가능한 수준이었다.

그런 시국에서도 방법은 있었다. 아랍에미리트는 다른 나라 입국자는 14일 격리였지만 한국과 미국은 프리패스였다. 미국국적의 통역 및 변호사, 그리고 우리나라 팀은 출입이 자유로울 수 있었다. 그리고 새로운 발명기술을 통해 세계 여러 나라의 특별 비자를 받을 수 있었다. 하늘은 스스로 돕는 자를 돕는다더니 국경이 봉쇄되고 항공노선이 폐쇄되어 일반 여행은 어려웠지만 왕래 가능한 방법을 찾으면 되는 것이다.

이유 있는 인내라야 결실이 달다

한국 정부 전력신기술 제1호를 지정받은 후 남미 계약이 성사되기까지 25년 정도의 시간이 걸렸다. 길고 고통스러웠지만 그 열매는 정말 달다. 남미 계약은 25년 동안 담금질을 쉬지 않고 해온 값진 열매라고 생각하고 감사한다. 그동안 많은 역경이 있었지만 나는 이제 내가 선택한 길이 옳았다고 자신있게 말할 수 있다.

특히 이 땅의 젊은이들에게 벅찬 희망의 이야기를 하고 싶다. 나의 성공을 보고 진심으로 우리 젊은이들이 용기를 갖고 자극을 받아서 나보다 더 큰 성공을 거두기를 바란다. 성공은 자신감에서 나온다. 젊은이들이 당당했으면 좋겠다. 지금의 모습으로 자신을 평가하지 말라. 가슴속 포부와 비전으로 자신을 바라봐야 한다.

국가가 발전하려면 국민 개개인이 재능을 펼쳐서 성공하는 사람들이 많아져야 한다. 개인이 없으면 국가가 존립할 수 없다. 그러므로 우리 한 사람 한 사람 모두 대단한 존재이고 국가로부터 우대 받을 자격이 충분하다.

두바이 투자 파트너들과 저녁식사

당신에게는
자유와 창조의 정신이
있는가

부의 씨앗의 정보를 창출하는 창조자를 가까이 하는 것. 인생의 가장 큰 행운이다.

내 인생에서 성공의 화룡점정은 두바이에 투자회사를 설립한 것과 그것을 토대로 이루어낸 남미 계약이다. 그런데 남미 계약의 내용이 무엇인가를 한 번 생각해 보자.

나의 발명품은 기초과학에 근거한 것이다. 내가 개발자로서, 발명가로서 일생동안 추구하고 목표하는 것은 바로 기초과학발명이다.

기초과학은 자유와 창조 정신을 먹고 자란다. 기초과학은 말 그대로 모든 과학의 기초가 되고 출발이 되는 과학이다. 응용과학의 발달은 기초과학의 발전 위에서 가능하다. 잘 사는 나라일수록 기초과학이 탄탄하고 발전한 나라들임을 알 수 있다. 나와 같은 기초과학자들이 걱정 없이 개발과 발명에 몰두할 수 있을 때 위대한 기술과 발명품들이 나온다. 기초과학은 인류발전의 근원이다.

자유와 창조 없이는 가치를 만들 수 없다.

나는 자유의 정신을 좋아한다. 그리고 창조 정신을 사랑한다. 자유의 정신이 무엇인가. 구속과 억압이 없이 마음대로 사고하고 행동할 수 있는 권리이다. 과학과 창조는 자유의 정신에서 생겨난다. 공산주의는 억압이다. 내가 만약 북한이나 러시아 같은 곳에서 태어났다면 개발자로서 제대로 내 실력을 발휘하지 못했을 거다.

■ 자유의 기도

"하나님
나는 자유를 사랑합니다.
나는 창조를 사랑합니다.
나는 남의 자유를 간섭하지 않고
나의 자유를 간섭 받지 않겠습니다. 아멘"

한 번은 이 주제로 미국에 가서 강의를 한 적이 있다. 직접 미국 현지에 가서 보고 들어보니 미국이 위대하다고 하는 것은 자유의 정신 때문이라는 것이 피부로 느껴졌다. 일례로 부모가 다 큰 자식을 품에서 놓지 못하는 우리나라와는 달리 미국은 태어나서 부터 따로 잠을 재우지 않는가.

지구상에서 가장 위대한 발명들은 거의 다 미국에서 나왔다. 전기, 원자폭탄, 컴퓨터, 소프트웨어까지. 모두 기초과학 발명들이다. 이 모든 것들은 자유의 정신에서 나온다. 자유는 창조이고, 창조는 위대한 발명을 낳는다. 그리고 위대한 발명은 부(富)의 축복으로 이어지는 것이다. 자유의 여신상이 왜 미국의 상징이 되었는지 이제 이해가 되지 않는가?

그럼 이쯤에서 여러분에게 질문을 하겠다. 여러분은 어떤 생각을 하며 살고 있는가? 가장 큰 관심사가 무엇인가? 여러분의 생각이 철학이고 과학이라고 느껴본 적이 있는가? 무슨 말이냐고 되묻는 분들의 목소리가 들리는 듯하다.

나는 나의 생각이 철학적이며, 나의 생각 안에는 위대한 발명가,

사상가, 과학자가 살고 있다고 느낀다. 나는 그들과 매일 소통한다.

고정관념을 뛰어넘고, 기존질서의 창조적 파괴와, 남이 알 수 없고, 볼 수 없는 것을 생각하고, 새로운 사상과 가치관을 정립하여 오직 믿음으로 전진하는 자는 기후변화와 에너지문제, 세계경제의 끝없는 혼돈과 위기의 파도에서 참 승리자가 될 것이며, 하나님의 특별한 축복이 임할 것을 나는 굳게 믿는다.

나에게는 비정상의 사람, 비정상의 사고가 정상이며 그 이상일 뿐이다. 아멘.

남미에서의 쾌거

세계 각국은 한정된 에너지원의 고갈과 에너지사용에 따른 지구 온난화 문제에 직면해 있다. 전기에너지는 인류문명의 생존을 위한 최대 발명품이지만, 에너지원의 고갈과 경제개발로 인해 갈수록 전력난 부족 문제가 심화되고 있다.

남미 관계인들과 ESSCOM 로컬 담당자들이 회의를 하고 있다

사우드 회장과 업무 협약을 마쳤다

비밀유지의 계약조항 때문에 아쉽게도 국가명을 밝히지는 못하지만 우리가 1 billion dollars를 계약한 나라는 국가 신용도가 좋고 자원이 풍부한 나라 중 하나이다. 이 나라는 탄소 중립 문제를 남미 중에서 가장 먼저 고민 했고 그 실천을 위해 방법을 찾던 중 ESSCOM 기술을 채택하기로 결정 한 것이다. 우리와의 계약을 위해 현지 국가의 사업부서, 전력회사, 재무부, 중앙은행 및 하원, 상원을 통과하여 체결된 결과다. 대단하지 않은가. 누구 한 세력의 권력으로는 되지 않는 일이다.

1천조 원의 기업가치

지난 100년 동안 지구는 역사상 그 어느 때보다 빠른 속도로 더워지고 있다. 석탄과 석유는 현재 지구상에서 사용되는 에너지의 90%를 차지하고 있다. 전기를 만드는 발전소의 대부분은 석탄과 석유를 이용한 화력 발전소이고, 자동차를 비롯한 교통수단의 연료도 바로 석유이다. 이렇게 우리가 일상에 전기와 자동차 등을 사용할 때, 공기중의 이산화탄소를 늘려 지구 온도를 높이는 것이다. 지구가 뜨거워지는 것은 자연적으로 일어나는 현상이 아니어서 우리가 조심한다면 온실가스의 양은 줄일 수 있다. 기후환경은 국제적 공공재로 한 나라만 노력한다고 해결 될 일이 아니기 때문에 기후변화 협약 등으로 국가마다 탄소중립을 위한 정책이 만들어 지고 있고 지금도 각국마다 온실 가스 감축을 위한 지속적인 노력을 하고 있다.

우리 나라도 탄소 중립 정책의 일환으로 에너지절약 설계기준이 법으로 고시되어 있고, 우리 ESSCOM 제품을 설치하면 용적률 및 세제의 혜택이 있다. 각 나라도 에너지 효율화를 위한 법률이 제도적으로 갖추게 된다면 우리 ESSCOM 제품은 세계적으로 주택(가정용)과 모든 건물에 설치 될 것으로 예상 된다.

이런 상황이 실현되면 회사의 기업가치는 1천조를 넘게 될 것이다. 전 세계 79억명 인구가 ESSCOM을 사용한다면 가히 세계 최고의 기업으로 등극하는 것이다. 꿈이라고? 생각하고 움직이지 않으면 꿈이다. 그러나 그것을 움직이면 현실이 된다.

나의 자유와 창조의 정신이 늘 함께 했기에 실현되었다고 믿는다.

앞으로 ESSCOM의 세계화, 세계진출은 이러한 방향과 전략으로 진행될 것이다. 드디어 남미 국가와의 계약을 통해 해외 진출의 시장이 열리게 된 것이다. 우리는 그들의 조건을 충족시켰고 감동시켰다. 나는 이제 나와 ESSCOM이 세계 무대에서 검증되었다고 자신한다. 이제 더 높은 곳으로 비상하기 위한 준비가 끝났다. 하루하루가 가슴 벅차다.

에디슨 봉이 김선달, 두바이에 상륙하다

두바이 투자그룹과 투자청에서

나스닥에 상장하면
정말
기가 막힐 것

한 없이 부족한 저를 통해 여호와 하나님의 능력을 믿지 않는 온 천하 만국의 우매한 자에게 주님의 영광을 보게 하시니 모든 감사와 영광을 주님께 바칩니다. 아멘.

꿈이 있는 사람을 이길 수 없다.

나는 다들 이루는 고만고만한 작은 성공에 만족하며 머물고 싶지 않다. 작은 성공에 익숙해지고 안주하고 싶어지기 전에 성공을 향한 도움닫기를 선택했다. 미켈란젤로가 말하지 않았는가. "가장 위험한 일은 목표를 너무 높게 잡아 도달하지 못하는 것이 아니라, 목표를 너무 낮게 잡아 간단하게 도달해 버리는 것이다.(The greatest danger for most of us is not that our aim is too high and we miss it, but that it is too low and we reach it)"라고.

그렇다고 내가 비현실주의자이거나 몽상가는 아니다. 미래를 향한 꿈과 현실의 관계를 잘 이해하는 현실지향주의자이다. 그래서 나는 나의 계획이 미래에 현실로 나타날 수 있도록 체계적이고 치밀한 계획을 한다. 꿈을 크게 그릴수록 성공했을 때 얻는 성과가 커진다. 내가 그랬던 것처럼 우리 젊은이들도 기왕이면 지금보다 더 큰 꿈을 가지길 바란다.

인류역사상 대발명가가 사업적으로 성공하거나 부의 정상에 우뚝 선 사례가 없다. 독자적 자본금을 만들 수 없고, 회사를 만들고 키우고 조직을 관리할 능력과 경험이 없고 또한 영업력이 없고, 행정력, 법령을 모르기 때문이다. 오늘도 대발명가의 꿈을 위해 도전해 본다.

인류역사상 대발명은 2~3개정도로 압축할 수 있다고 본다. 전기 발명과 원자폭탄 발명. 모두 미국에서 개발되었다.

난 기초과학발명이라는 대발명을 통해, 전기적 손실이나 부작용을 최소화 시키는 에너지효율 향상을 세계적으로 입증했다. 21세기 제2의 에디슨 개발, 물론 모든 개발은 사업적으로 성공해야만 입증되는 것이다.

그래서 미국 나스닥으로 가서 자본주의 심장에 우뚝 서고 싶은 것이다. 꿈이 이루어지는 순간 부의 판도가 바꾸어 질 수도 있겠다고 생각 한다. 만약 전기와 원자폭탄이 특허발명으로 보호받았다면

나스닥 상장 진행을 위해 미국 변호사 스티븐과 함께 맨하탄 월스트리트에 방문했다

나스닥 상장 진행을 위해 미국 변호사 스티븐과 함께 맨하탄 월스트리트에 방문했다

세계 질서와 부의 판도는 어찌되었을까?

돈이 당장 보이지 않는 기초과학 발명(수학적 미적분의 기초, 과학적, 공학적 기초 위에)에 도전해 본다는 것, 이 꿈의 실현을 위해 도전해왔다.

앞으로 ESSCOM은 두바이와 남미에서의 성공을 바탕으로 미국에서 나스닥 상장(기업공개)을 이뤄낼 것이다. 그와 동시에 우리는 전기시장의 최고 텃밭인 미국, 캐나다 등 북·중미 시장에 도전할 구체적 계획을 세웠다. 전 세계 주식시장의 메카인 나스닥 상장과 세계 최대의 시장에서 인정받는 것이야 말로 진정한 세계화이고 글로벌 기업으로서의 진짜 행보라고 생각한다.

이를 계기로 우리는 이전보다 큰 보폭의 성장을 성취할 것으로 확신한다. 북·중미 시장의 진출은 아시아, 유럽, 아프리카 등 앞으로도 계속해서 전 세계 국가를 상대로 하는 계약으로 이어지게 될 것이다. 빌 게이츠가 전 세계 PC에 윈도우를 설치하게 만든 것처럼, 우리 ESSCOM을 전 세계 모든 건물과 집집마다 설치하는 날이 곧 올 것이다.

24시간 쉬지 않고 휘드르는 몽둥이의 주인공이 됩시다.

위기는 기회를 안고 달리는 빛의 신.

기회는 머리만 있고 꼬리가 없는 것.

기회는 잠시도 머물지 않고 빛처럼 왔다가

바람처럼 사라지는 것...

기회는 미친 사람에게 주는 신의 특별한 선물.

기회는 기회라고 느꼈을 때는 이미 멀리 지나가 있는 것.

기회는 꼬리가 없어 뒤에서는 잡히지 않는 것.

기회는 나도 모르게 후려친 몽둥이에 맞아 떨어져 있는 것.

기회는 재수 없는 사람의 몽둥이에는 절대 안 맞는 것.

당신이 어디서라도 몽둥이를 휘둘렀다하면

기회의 머리가 산산조각 나는 안타의 주인공 되시기를

기도합니다. 아멘.

"사랑과 돈, 시간은 오직 머리에서만 만들어 지는 것이다"
"빛과 같이 빠른 용기와 결단의 신속 민첩의 자에게는
하나님이 반드시 가난의 굴레에서 벗어나게 하는 축복을
주실 것이다"
이 세상에 가장 어려운 일은 돈 만드는 일이다.
이 세상에 가장 쉬운 일은 돈 만드는 일이다.
머지않은 언젠가는 이런 정상에 설 날이 올 날을 소망하고
기도한다.
사랑, 돈, 시간이란 참으로 소중하고 어렵다.
"그러나 깨어있으면 하나님은 이것을 한 순간에 만들어 주신다.
그러나 이것을 깨닫지 못하면 부자가 될 수 없음도 믿는다" 아멘.

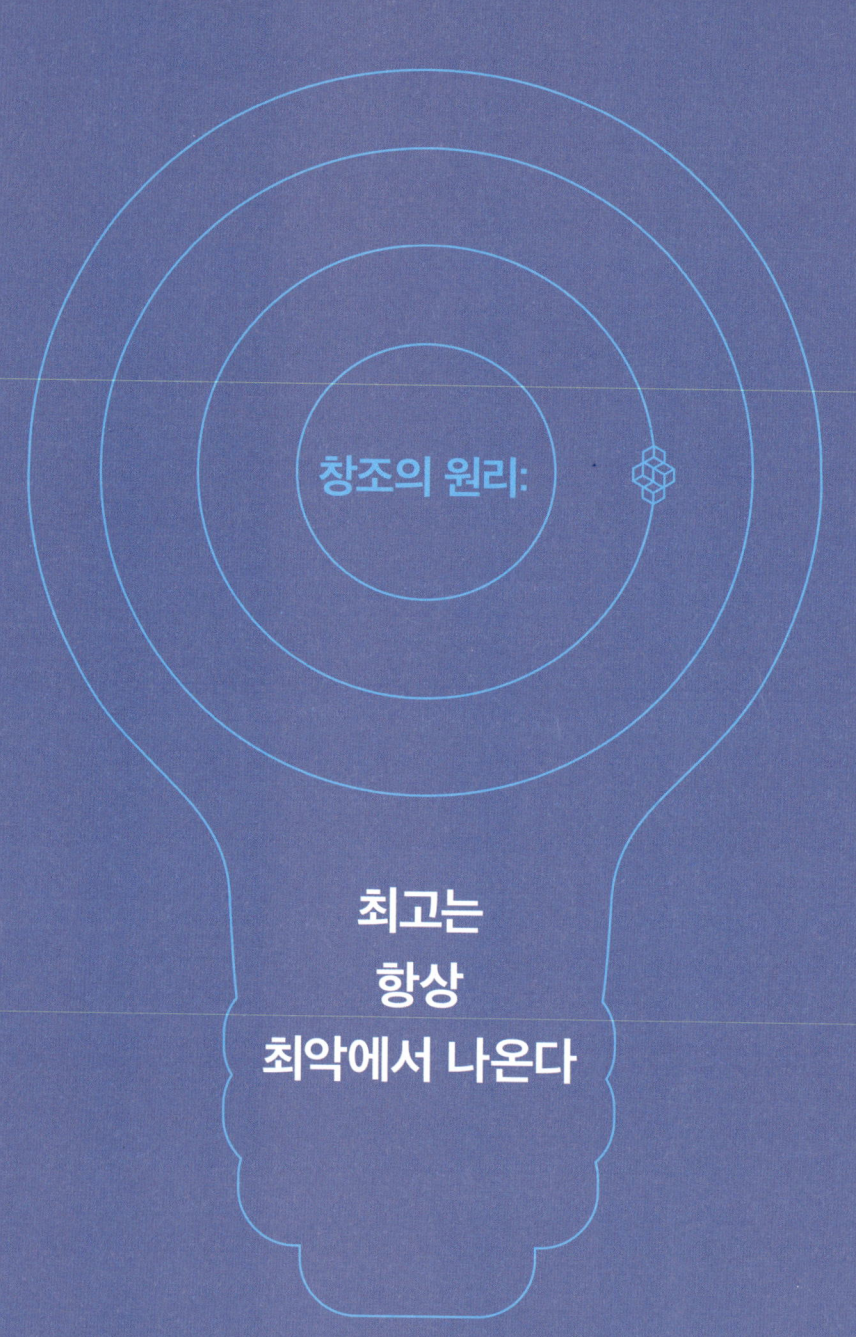

인생 최악의 상황을 겪어본 적이 있는가?
그런데 내 경험상 최악의 상황을 동전 뒤집듯 뒤집어보면
최고의 상황으로 반전된다. 중요한 것은 동전을 뒤집는 것도
'창조'라는 사실을 깨닫는 것이다.

개발자가
사는
방법

발명은 자유정신의 산물이며 창조이다. 무한 발상전환이며 무한 가능성에의 도전이다.

개발자의 운명

내가 개발자로 일해 오면서 어려울 때마다 예전의 개발자들은 어떤 환경이었는지 궁금했다. 발명가의 대명사인 에디슨. 나는 그를 진심으로 존경한다. 그런데 인류 역사에 한 획을 그은 에디슨마저도 자본에 잡아먹혀 버렸다. 겉에서 보기에는 모건 스탠리가 에디슨을 후원했다. 그러나 냉철한 투자 회사는 철저하게 자신의 몫을 챙겨갔다. 그것도 아주 아주 많이. 결국 에디슨은 손에 쥐게 된 것이 거의 없었다. 재주는 곰이 부리고 돈은 왕서방이 받는다더니 딱 그 꼴이다.

개발·발명의 역사는 전 세계가 맥락을 같이 한다. 좋은 기술이 있으면 투자자본이 개발 성과의 이익을 거의 다 가져가버리고 개발자는 낙동강 오리알 신세가 된다. 이렇게 되는 이유는 개발자 자신이 충분한 자금을 갖고 있지 못해서 스스로 제품화가 불가능하기 때문이다. 대부분의 개발자가 그러하다. 자본을 축적하고 있는 개발자는 극히 드물다.

나는 악바리 근성으로 지금까지 살아왔다. 누구하나 도와주는 사람 없이 나 홀로 맨주먹으로 헤쳐왔다. 생존을 위해 그래야만 했지만 그 과정은 혹독했다. 억울한 일은 수없이 겪었고, 모함도 당했고, 무죄를 판결 받아 국가에서 보상도 받기는 했지만 억울하게 감옥에 수감되기도 했었다. 이보다 더 바닥으로 떨어질 수 있을까? 나는 참 파란만장했던 개발자다. 다른 사람 같았으면 중간에 포기하고도 남았을 것이다. 하지만 나는 억울해서라도 포기할 수 없었다.

개발자는 머리만 있지 돈이 없다. 돈 많은 금수저 개발자는 흔치 않다. 개발자가 돈으로 자기 아이디어를 구현하려면 시제품 한 개를 만들 때 1만개를 만들 만큼의 돈이 들어간다.

기술 개발 분야는 기술이 최고여야 하고 그것이 목표가 되는데, 기술만 좋다고 되는 게 아니라는 거다. 나는 전기공학 전공이지만 철학을 좋아하는 철학도의 입장에서 봤을 때 남을 모방해서 되는 일이라면 따라서 하면 된다. 동네 세탁소, 수퍼마켓, 미용실 등 특별한 노하우나 변신이 필요 없는 것은 그냥 복제해서 따라가면 된다

두바이 투자그룹과 파키스탄 ESS 프로젝트에 대해 미팅중이다

는 말이다.

하지만 새로운 것을 만들어내서 하는 것은 새로운 세계로 진입하는 것이기 때문에 '기술+자금'을 충족시켜야 한다.

삼성, LG 같은 초일류 글로벌 기업의 우수한 연구원이 혼자 제아무리 대단한 개발·발명을 해도 이루어 내기 어렵다. 왜냐하면 개발, 발명 이건 혼자서 하는 게 아니기 때문이다. 기술, 자본, 인맥, 연구소 등 현실적으로 필요한 개발환경이 유기적으로 받쳐주지 않으면 안되는 거다.

ESS 프로젝트에 대해 남미 관계자들에게 설명중이다

감옥에
다녀왔습니다만

사람의 말을 절대 믿지 말라. 오직 그의 과거를 확인해서 자신이 직접 판단하라. 자유정신의 훈련자가 얼마나 소중한 것인지를 알라. 자유정신 소유자는 그런 환경, 교육, 체험을 통해서만 탄생된다. 99.99%보다 0.01%를 분별해내는 사람이 되라.

나에게는 하나님의 큰 은혜와 날 따르는 우리 제국의 용사들의 헌신으로 천길, 만길 낭떨어지에서 살아 남았다. 억울한 옥살이 감옥(무죄판결 받아 국가에서 배상)에서 나와 보니 사람도, 조직도 모두 흩어지고 망가졌다. 내 곁에는 고작 아줌마 한 분, 아저씨 한 분만 있었다. 수중에는 단돈 1,000원, 기가 막힐 노릇이었다.

이제는 단 하루를 버티지 못하겠다. 밤새 잠을 이룰 수 없어 사무실 의자에서 고민하다가 하나님께 혼자 눈물 흘리면서 기도하고 기도문을 메모지에 적었다.

하나님 여기까지 왔는데 이제 내일 하루를 버틸 힘이 없습니다.
"여기까지 온 것도 하나님 은혜입니다. 저를 당신 섭리가운데 세워주시옵소서"

세상이 무서운 것은 나쁜 놈이 많기 때문이다

세상은 정의대로 움직이는 것이 아니다. 세상은 나쁜 놈 천지이다. 우리는 항상 누군가의 먹잇감 속에 있다는 것을 알아야 한다. 노리는 놈이 한둘이 아니다. 나는 전력 신기술로 인정받아 세간의 이목을 받을 즈음 소송에 휘말린 일이 있었다.

모 코스닥 기업이 내게 각자대표를 조건으로 합병을 제안해 왔다. 그 기업은 기존 사업의 실적부진 탓에 사업 다각화가 절실했었고 전력신기술 인증을 가지고 있던 내게 관심을 보인 것이다. 나는 각자대표 취임 두 달만에 중국 가스계량기 제조업체 그룹에 40억원의 투자를 유치해 냈고, 국내에서도 공급계약을 따 냈다.

그런데 기업측은 ESS시스템 관련한 기술과 사업체에 아무런 실체가 없다고 주장하며 나를 사기혐의로 고소했고 구속당했다.

하지만 신기술 개발과 인정이 가장 어려운 분야의 하나인 전기에너지를 부작용 없이 안전하고 효율적으로 사용할 수 있는 기술을 정부의 전기 전문기관에서 과학적, 공학적, 이론적 타당성 및 기술 검증을 거쳐 전력 신기술로 인증 받은 것이기에 법정 공방 끝에 고등법원의 최종 무혐의 판결을 받을 수 있었다.

한번은 또 이런 일도 있었다.
투자하겠다며 남의 주식만 가져가버리는 사람에게 쉽게 휘말려 든것이다.

나중에 알게 된 사실인데 여러 명이 사전에 계획을 짰던 거다. 이미 타인에게 매매된 토지를 현물출자 할 수 있는 자신의 토지인 양 속이고, 현물 출자가 불가능한 토지를 이용하여 그에 상당하는 주식을 편취하여 그 주식을 타인에게 매매하거나 이용하여 현금, 부동산, 채권 인수 등의 수법의 사기꾼이었다.

이걸 알았을 때는 이미 모든 일이 벌어지고 난 뒤였다. 작정하고 덤벼들면 막아낼 장사가 없다는 말을 실감했다. 맘고생은 고생대로 하고 오히려 사기꾼으로 몰리게 되어 구속당했다.

아무 잘못도 없이 일방적으로 당한 일이라 정말 억울했다.
무죄를 판결 받았음에도 불구하고 두 번이나 억울한 옥살이로 나의 꿈의 항해가 멈춰진 것이다. 이것은 내게는 치유될 수 없는 상처로 남았다.

이 일을 겪은 후에 사람을 보는 잣대가 생겼는데 학벌이나 자격증이 중요한 것이 아니라는 것이다. 첫 번째는 달러(돈)가 얼마나 있는가 이다. 진짜로 달러(돈)가 있는 사람은 정직하게 일을 처리하는 경우가 많다. 돈이 없는 사람이 있는척하며 일을 꾸며 이런 억울한 일을 겪고 나서 알게 되었다. 두 번째는 범죄 기록이 있는가 이다. 이 역시 첫 번째와 일맥상통한다. 진작에 이런 기준으로 사람을 봤다면 나는 이런 일에 휘말리지 않을 수 있지 않았을까?

24시간 똥물배척 하기 훈련.

똥물론 : 한 방울의 똥물을 잘 찾아보고 "NO" 라고 합시다.

사람, 쭉 관계하다 보면 괜찮은 사람, 쓸 만한 사람인지 알고 돈도 써주고 때론 지원도 해주고, 신경도 써주기도 했다.

그런데 막상 언덕배기에서 액셀을 밟아보니 금수보다 못한 형편없는 사람인 것을 발견했다.

그 사람이 나쁘게 아니다. 너의 지혜가 부족했기 때문이다.

내재된 똥물 한 방울, 보물 한 방울의 개념을 쉽게 생각하고 살았기 때문이다.

이런 사람에게 쓸 태산의 에너지(정열, 시간, 신경, 돈)를 나의 보물에게 썼더라면…

나의 주님, 너의 하나님에게 바쳤더라면.

여기 쓰여진 돈과 시간. 정열, 신경쓰임이 태산의 에너지입니다.

아멘

아무나 감옥에 보내지 마오.

억울한 개인은 스스로 문제를 해결해야 한다. 그렇게 해서 억울함을 벗고 나처럼 보상받을 수 있는 사람이 과연 얼마나 될까.

내가 사기꾼으로 몰려 구속을 당한 이유는 진짜 사기꾼들이 고소 고발에 능숙해서 먼저 고소를 했기 때문이다. 이런 일이 익숙지 않은 일반인들은 고소 고발이 낯설어서 억울한 일이 생겨도 법에 호소하는 것에 서툴다. 그러다 고소를 당하면 무고를 증명해야 하지만 방법도 모르고 변호사를 고용하고 싶어도 돈도 없고 법조계에 아는 사람이 없으니 제대로 도와줄 변호사를 찾기도 어렵다.

한마디로 사회적인 외톨이였다.

세상은 사탄이 지배하는 세상입니다
영을 강하고 담대하게 갖지 아니하면 한순간에 사탄(죄)의 앞잡이 노릇은 물론 가난의 저주와 평범한 행복마저 모두 잃게 됩니다.

사탄의 앞잡이가 되면 빛이 와도 알아보지 못하는 것입니다.

항상 깨어 어떤 현상이나 다른 사람의 주장에 숨겨져 있는 가시와 독을 발견할 수 있어야 합니다.
막연하게 남의 말을 따르다 보면 어느덧 망해 있습니다.

남이 싫어할 망정, 아닌것은 아니라고, 틀린것은 틀렸다고, 싫은 것은 싫다고, 나의 뜻은 무엇이라고 확실하게 표현할 수 있는 훈련을 항상 해야합니다.

그리고, 상대방에게는 자신의 모토를 확실히 해서 이사람은, 이 조직에서는 헛소리, 얼렁뚱땅이 안 통한다는 인식을 확실히 깨닫게 해주어야 합니다.

자의반 타의반 말없이 들어 주다가는 동조하는 똑같은 사람이 되어 있고, 어느덧 죄인의 길에 서고, 복은 멀어지게 됩니다.
말도 아닌 헛소리하는 상대에게는 한계를 분명히 해주어 헛소리가 통하지 않는 조직, 사람임을 깨닫게 해주어야 합니다.

우리는 우매한 사람, 결단과는 거리가 먼 우우부단한 사람. 명청해서 말귀를 못알아 듣는사람, 계산이 더디어 가만이 있다가 나중에 따지는 사람.
무능력함이 청렴결백 내지는 도덕군자로 둔갑 칭송받는 사람을 착한 사람으로 착각하면 절대 안 될 일입니다. 아멘.

파괴의 원리

개천에서
용이
나게 하려면

"항상 깨어 마음을 순전히 하여, 부와 복을 받을 수 있는 그릇을 항상 소지하고 있는 자가 됩시다."

옛날 춘추전국시대에 노나라출신 공자는 자기 제자 10여명과 전국의 각 제후국을 돌며 소위 자신의 사상을 설파하면서 취직자리를 구하고 다녔으나 13년간 취직을 못했다. 그를 따르던 제자들도 실망이 대단했을 터이다.

공자는 고향에 칩거하면서 주역(내가 생각하기로는 가장 비과학적, 공학적인)에 몰두하였고 제자들을 가르쳤다. 돈벌이하고는 아무런 해당 사항이 없는 것이었다. 요즘으로 보면 대기업에 가서 인, 덕, 충, 효를 설파하였으니 미친 사람으로 보였을 것으로 생각된다.

당장 감옥에 가냐 안 가냐 인데 무슨 헛소리. 실은 당시의 각 제후국의 왕들도 항상 죽냐 사냐의 문제였다. 지금상황으로 봐도 현실은 더 참혹하다. 먹고사는 문제일 뿐 도덕, 윤리는 자신이 알아서 할 일이지 딱히 내세울 일이 아니라 생각된다.

난 공학적, 과학적 사고로 접근하는 것이 최상으로 본다. 승리와 성공을 위해서는 예측능력이 탁월해야한다. 그러기 위해서는 먼저 현재에 대한 정직, 정확하고 철저한 관찰과 분석의 토대위에 가능하다고 본다.

그리고 확률이 높은 게임을 하는 것이다. 그렇지 않고 무작정 뛰다보면 몸, 시간, 돈, 기회 모든 것이 망가지고 파멸, 가난의 수렁에서 헤어 나오기 어렵다. 주변에 진정으로 능력있는 사람(배우자를 포함)을 만난다는 것은 하늘에 별따기보다 어렵다고 생각한다.

사랑이라는 허울 좋은 비과학적 접근방식은 생존과 승리와 성공의 냉엄한 비즈니스의 현실 세계에서는 어림없는 얘기이다. 진정한 승리를 위한 예측능력을 발휘하기 위해 현재를 정확하고 솔직하게 분석해서 그 토대로 단점과 약점도 장점으로 승화시켜야 하는 것이다.

리더는 이를 위해 항상 깨어 있게 될 수밖에 없다. 자기 자신이 단순한 월급쟁이 때보다, 자영업이나 사업을 하는 사람이라면 이런 훈련의 연속에 살게 된다. 어느덧 자신도 모르는 사이에 거센 물살에

파키스탄 정부 에너지부 담당자들과 ESS 프로젝트에 대하여 회의를 진행하고 있다

서 살아남는 전사로 변모되는 것이다.

　미래예측 능력은 과학적, 공학적 접근외에는 다른 방법은 실패할 확률이 거의 높다. 미아리 점쟁이가 사실이라면 그들은 모두 부자이어야 한다. 인간이 개발한 가장 위대한 상품중에 하나인 주식시장에서 모두 승리하여 부를 검어 쥘 수 있기 때문이다. 요즘도 제2, 제3의 공자가 가난균을 가지고 판을 치고 있는 세상이다.

　부를 향한 현실 세계는 정확한 예측능력, 즉 현재를 정확히 분석하고 미래를 예측하는 과학적, 공학적 접근 이외에는 방법이 없다고 본다. 막연히 남을 따라 다니다가는 나도 모르는 사이 시간은 까먹고 사기꾼에게 말려들고, 인생이란 기회는 지나가고 고난의 나락 가운데 떨어져 헤어 나오지 못하는 상황이 전개 될 것이다.

　남 따라서 하지 말고, 막연한 믿음, 신앙으로 잘 될것이다는 생각은 금물이며 과학적, 공학적사고로 철저히 분석하여 미래를 예측하는 자세로 승리. 성공의 주인공이 되어야 할 것이다.

과학 인재를 키워라

좋은 인재들은 해외로 나가게 해야 한다. 선진 지식과 기술을 배워서 내 나라, 내 조국에 나의 지식과 재능을 아낌없이 쏟을 수 있도록 만들어줘야 한다. 연어가 반드시 고향으로 돌아와 알을 낳듯이 말이다. 이것은 아무도 할 수 없는 국가의 책임이다.

미국의 스티브 잡스, 빌 게이츠 같은 사람이 대한민국에서 단 한 사람만 나와 줘도 1천조 대의 한국 외채가 그냥 해결되는 어마어마한 일이 생길 거다. 그런데 지금까지 그런 뛰어난 인재를 한국에서 본 적이 있던가.

내가 하는 것은 그냥 뭐 뚝딱 만들어서 장사로 돈 버는 게 아니고 공학의 진수로 시간을 들여 개발하고 발명한 것이다. 전기전력에 대한 소프트웨어를 개발하여 하드웨어에 장착했다. 이것은 수학적인 기초가 없으면 불가능하다.

가만보면 내가 엉뚱하기도 하고 별난 면도 있다. 그래서 별의별 일이 다 일어나는 개발자의 세계에서 끝까지 버티는지도 모른다.

내가 시골 촌구석에서 가난하게 태어났지만 학교 다닐 때 공부를 못한 것도 아니다. 고등학교 때는 학생회장도 했고, 회사도 입사시험 1등으로 들어갔다. 그렇게 보면 내가 바보는 아닌거 같은데 '왜 이렇게 개발에서는 안 풀리지?' 라는 생각이 자주 들었다. 그러다가 내가 한 가지를 깨달았다. 기술·발명은 노력만 해서 되는게 아니라는 거다. 노력이 필요 없다는 말이 아니다. 오해하면 안된다. 노력 플러스 남다른 달란트가 있어야 한다.

■ 과연 부의 산에 서는 성공의 요소는 무엇일까?
(세계1등의 기술력 + 행정력 + 법령 + 자기관리 + 실력 + 운 + 순발력 + 돌파력 + 결단력 + 충분한 기초자금 + 국내탈출) × 마음 × 집념 × 시대적 행운.

즉, 타고나는 재능이나 센스 그런거다. 이런 것은 나중에 만들 수 없는 거다. 어떤 사람은 춤을 잘 추고, 어떤 사람은 노래를 잘 부르고, 또 어떤 사람은 글을 잘 쓴다. 그런데 개발·발명은 그 어느 분야보다도 어렵고, 오래 걸리고, 연구실에서는 실험을 하기 때문에 위험하기도 하다. 이렇기 때문에 선척적인 재능이 어느 정도 있어야 이겨낼 수 있다고 나는 생각한다.

지금은 예전과 달리 개발·발명 분야를 바라보는 시각이 아주 많이 달라졌음을 실감한다. 내가 젊었을 때만 해도 개발자, 발명가를 한낱 공돌이처럼 여기기도 했었다. 이제는 그런 풍토는 없어졌고 많이 대우받는 시대가 된 것 같다. 앞으로도 더 좋아져야 하지만.

기술 개발에는 많은 세부 분야가 있지만 근래에 많이 보이는 게 남의 것을 흉내내서 따라하는 모방 발명이 있다. 모방 발명 말고 우리는 원천 기술 발명에 집중해야 한다. 제대로 된 원천 기술 발명은 한 국가가 100년을 노력해도 나오기가 어렵다. 이것은 개인이 아닌 국가적인 프로젝트이다. 그러므로 성공 여부에 따라 국민의 삶이 달라지고 인류 발전에 기여하는 글로벌 혁신을 가져오기도 한다.

전 세계를 볼 때 우리나라가 현재 굉장히 발전했고 앞서 가는 것 같지만 이번에 코로나19 백신을 보라. 이런게 바로 원천 기술의 힘이다. 그리고 이 원천 기술 개발이 가능한 국가가 선진국이고 세계 질서에서 리더 그룹이 된다. 원천 기술은 사람으로 말하면 하체, 허벅지다. 허벅지가 강해야 몸을 잘 받쳐주듯이 과학은 기초가 약하면 절대로 발전할 수가 없다.

대한민국에는 좋은 대학을 졸업한 명석한 두뇌를 가진 사람들이 많다. 중동의 이스라엘에는 나스닥에 상장된 회사가 몇 십 개 된다. 그런데 이스라엘만큼이나 머리 좋다는 한국은 어떠한가? 비슷한 머리를 가졌는데 누구는 되고 누구는 안 된다면 그것은 환경 탓이다.

원천 기술 개발로 세계를 상대로 경쟁하는 개인과 회사가 많이 탄생되어야 한다. 아마존 같은 거대 기업이 하나 있으면 그 나라의 부채가 사라지는 것과 같다. 그리고 정말 부채가 줄어들어 없어진다.

좋은 머리를 가진 사람은 진짜배기 일을 해야 한다. 창의적인 기술 개발에 몰두해야 한다. 나는 정치인이나 정부 관료의 시각이 아닌 개발자의 입장에서 말한 것이다. 그렇기 때문에 우리는 항상 열려 있어야 하고 변화에 순응할 줄도 알아야 한다.

제2의
원자폭탄을
발명하다

국경과 대륙, 국가를 초월하여 밀려오는 위기의 쓰나미 앞에 어떤 말에도 액면 그대로 현혹되지 말고, 대다수를 앞세운 비문명적 무지 앞에 0.01%의 과학적, 공학적 근거의 분석력으로 반드시 승리하는 사람이 되시기를 축원합니다.

나는 개발자이자 사업가다. 사업가는 돈을 벌어야 한다. 하지만 나는 단순히 돈 벌 생각만 하지 않는다. 나는 전기 공학도이자 철학도이다.

나는 시골 촌구석의 가난한 농부인 아버지 밑에서 태어났고 어린 시절 서당에 다닌 적이 있었다. 고등학교는 전교생이 3천 명이었는데, 나는 학생회장을 했었다. 시골 촌놈의 첫 대장 노릇이었다.

나는 고등학교를 졸업하고 곧바로 취업했다. 지방에서 전기 분야 회사에서 일했다. 그 후 H중공업에 들어가게 됐다. 거기에서 일하면서 경험을 더 쌓았다. 나는 고등학교 때부터 40년 이상 전기 계통을 공부하고 또 일해 왔다.

군대 복무 중에도 나는 전기 관련 일을 했었다. 나는 미군 부대 전기시설을 관리·운영했었다. 군대에서의 경험도 많은 도움이 되었다. 제대 후 전기협회에 입사하여 십 년간 근무했다.

전기협회에 있는 동안 기술진단, 사고조사, 기술법령진단 등의 업무를 전담했었다. 덕분에 나는 전기행정, 전기법령에 도통하게 되었다. 이것은 후일 내가 사업을 할 때 엄청난 장점으로 돌아왔다.

내가 사업을 하기 전에 직장생활 경험이 없었다면 어땠을까. 절대로 사업을 제대로 할 수가 없었을 것이다. 사업은 모든 것을 혼자서 처리해야하기 때문에 여러 방면에서 지식과 경험이 있어야 한다. 시작한다고 해서 저절로 되는 것이 아니다. 경험 없이는 안 된다.

막노동은 마음만 먹으면 지금 당장이라도 시작할 수 있지만 사업은 그것과 많이 다르다. 사무경험, 행정경험, 기술경험 등등 여러 가지 경험이 절대적으로 필요하다. 아무 것도 안 해 본 사람이 어느 날 갑자기 사업으로 성공하는 경우는 없다.

나의 직장생활은 나에게 소중한 현장경험들을 주었다. 지식과 기술의 배움도 있었지만 무엇보다도 값진 것은 현장에서의 다양한 경험이다. 사업은 변수가 많다. 정석대로 되는 경우가 드물다. 따라서

두바이 버즈칼리파 최고층에서
사우드 회장과 함께

기본만 알고 있고 경험이 없으면 현장에서 당황한다. 그런 경우를 여러 번 겪어야 성장하는 거다. 이런 시간들이 내가 성공적으로 사업을 운영할 수 있는 기초가 되었다.

내가 하는 것은 전기공사업체 운영과 같은 수준의 단순 또는 소규모 사업이 아니다. 내가 지나온 그동안의 길은 정통 기술공학, 정통행정, 기술법령, 발명기술 등으로 닦여 있다. 가내 수공업 사업 같은 것이 아니다. 전혀 다른 차원의 비즈니스다.

규모가 크다는 뜻이 아니다. 규모를 떠나서 사업의 차원을 말하는 것이다. 우리가 살면서 돈을 버는 것도 중요하지만 그보다 더 큰 가치를 찾았을 때 더 재미있게 행복하게 돈을 벌 수 있다.

나는 운 좋게도 대기업도 다녀보고 여러 회사에 근무하면서 많은 경험을 쌓을 수 있었다. 전기협회에서는 사고조사, 화재사고 등과 같은 현장조사를 많이 다녀서 다양한 현장을 보는 기회가 많았다. 그리고 에너지진단, 전기기술진단의 업무를 담당했었다.

34세 때 회사 생활을 끝내고 내 사업을 시작하기로 마음먹었다. 회사 생활 10년만이었다. 남들보다 빨리 사회 생활을 경험할 수 있었고 그래서 그만큼 빠른 사업 결정이 가능했다.

내가 회사를 그만두고 사업을 시작하게 된 계기는 전기협회에서 화재사고조사 업무를 할 때이다. 다녀보니 생각보다 많은 빈 집이 있었다. 그리고 빈 집에서 화재가 많이 발생했다. 사람이 살지 않는 빈 집에서 화재가 발생한다는 것을 보고 놀랐다. 그래서 나는 그때부터 화재의 위험성을 제거하는 제품을 개발 해야겠다라는 결심을 했다. 그 후 오랜 시간이 걸리긴 했지만 결국 나는 해내었고 나의 발명품으로 인류에 이바지할 수 있게 되었다.

사업 초창기나 지금이나 사업은 전기안전효율 분야로 똑같지만 시간이 갈수록 현장 경험, 기술 관련 법령이 얹어져서 발전되어 왔다. 나는 해당분야에 국내는 물론 일본, 미국 등에 발명 특허를 가지고 있다. 특허를 가지고 있다는 것은 배타적 기술과 권리를 보장 받는 것이다. 그렇기 때문에 유사 제품이 출시되어 있는 상황에서도 자신있게 내놓을 수 있었던 거다. 기존 시장에 특허를 보유하고 있는 제품은 하나도 없었다. 나는 이 외에도 여러 가지를 연구하고 발명했었다. 그래서 약 20건의 발명 특허를 갖고 있다. 지금도 나는 새로운 것을 연구 중이다.

전기 누전은 누전이 시작되어도 곧바로 현상이 나타나지 않다가 상당한 누전량이 누적되어서야 어느 날 갑자기 누전 현상이 발생한다. 그것은 화재, 폭발 등 2차 사고와 피해로 이어지게 된다. 그래서 더 위험하다. 그런데 만약 내 스마트폰으로 우리집 전기 누전 유무와 누전량이 실시간으로 확인할 수 있다면 얼마나 좋겠는가.

이것은 정말 어려운 기술이다. 가정이나 회사에서 전기를 사용할 때마다 많은 써지(Surge: 순간적인 과전압)가 발생된다. 그런데 발생된 써지를 그대로 방치할 경우 합선이나 누전이 된다. 그래서 써지를 미리 없애야 안전한 것이다. 없애지 않으면 화재가 발생 할 수 있기 때문이다.

나는 그것을 근본적으로 없애는 기술을 개발하려고 도전했다. 결국 기술 개발에 성공했고 발명 특허까지 취득했다. 이 분야는 이론으로는 명확해도 이것을 실현하여 입증하기가 어렵다. 그것을 내가 해내어 특허를 따낸 것이다.

내가 발명한 것은 기초과학분야에 속하는데, 주변에서 말하기를 '제2의 원자폭탄 발명'이라고 한다. 제1의 원자폭탄은 사람만 엄청 많이 죽이고 돈을 벌지 못했다. 그런데 내가 발명한 제2의 원자폭탄은 에너지 안전, 효율화를 실현시켜 지구상 전 인류를 안전하고 유익하게 해줄 수 있다. 사람을 죽이지 않고 살려낸다.

나의 발명품은 대한민국 전력 신기술 이론을 획득하고 인증을 거쳐서 한 국가의 전력 사업에 반영된 것이다. 한 번에 백만대를 1 billion dollars, 1조 2천억 원 계약!! 이렇게 되기까지는 인천국제공항, 삼성전자, 삼성 SDS 등 국내 주요 건물들에 설치를 하고 인정받으며 착실히 실적을 쌓았다.

개발자로서의 나의 출발은 휴머니즘이었다. 개발자, 발명가로서 큰돈을 벌어보자고 시작한 게 아니라 인류를 위해서 만든 거다. 전기는 'Safety(안전)'에서부터 출발하는 것이다. 아무리 편리하고 좋으면 뭐하나. 안전해야 한다. 화재, 감전 사고의 위험이 있으면 그 제품은 꽝이다.

내가 전기협회에 있을 때 화재, 감전사고 조사를 많이 다녔다. 현장을 많이 다니다보니 경찰, 검찰 등 수사기관에서 화재 감식 작업 요청을 많이 받았었다. 많이 다녀본 결과 빈 집에 불이 잘 나더라. 빈 집의 화재 원인이 전기일거라고는 생각 못했는데 잘못된 추측이었다.

오래 전에 을지로의 한 건물 지하실에 위치한 다방이 있었는데 화재가 발행했다. 개업한지 3개월 만에 말이다. 나는 화재 원인 조사에 들어갔다. 전기를 반복적으로 사용하다보면 전선이 노후화된다. 전선의 피복이 삭아버린다.

전선 피복이 삭으면 벽이나 천정 등에서 전기가 조금씩 누전될 수 있다. 그리고 거기에 공기 중의 먼지, 습기 등이 달라붙어서 탄소가 된다. 그 탄소가 도체가 되어 전기가 통하게 되는 거다. 그러던 어느 날 갑자기 "펑" 터져버린 거다. 가스와 결합되면서 더 큰 폭발사고가 되어 피해를 키운다.

그 외에도 울산에 할머니와 장애인 손자가 살고 있었는데 화재가 나서 장애인 손자가 타죽었다는 등 안타깝고 가슴 아픈 얘기가 많았다. 이런 이야기들을 접하면서 내가 뭔가 해볼 수 있는 것은 없을까를 고민했다. 나는 전기공학을 공부했고 화재 현장에 대해서도 잘 아니까 도움이 될 수 있을 것 같았다.

그때부터 나는 감전사고, 화재 사고를 예방하는 장치를 개발하기로 결심했다. 나의 발명으로 단 한사람의 생명이라도 화재의 위험에서 구할 수 있으면 좋겠다는 마음이었다. 그때 그 결심을 하던 날, 나는 세상에 태어난 이후로 가장 행복했었다. 그렇게 시작한 것이 누전도 없애고, 전기의 효율도 높이고, 절전 및 화재 예방까지 하는 기가 막힌 제품이 탄생한 거다.

　먼저 기계장치인 하드웨어는 완성을 했는데 그것을 제어하는 소프트웨어가 너무 어려웠다. 개발을 시작한 이래 최대의 난관이었다. 내가 개발을 시작할 당시에는 소프트웨어의 중요성이나 개념이 매우 약했다. 그러나 나는 결국 해결했다. 그리고 1997년에 전력 기술 관리법 규정에 의하여 한국정부 신기술 제1호로 지정되었다.

두바이 투자 회사 사우드 회장과의 만남

희망의 원리:

세계 시장에서
기적을
발명하다

나는 기적이 행운이라고 생각하지 않는다.
기적은 발명이다. 기적을 발명할 줄 아는 사람은
행운이 늘 따라다닌다.
주어진 상황에서 기적을 발명하는 법은 간단하다.
바로 '희망'을 갖는 것이다.

두바이의
기적

너는 신의 목소리를 들을 수 있는 자인가? 빛의 사자에게는 맞는 것은 당연히 맞고 틀리는 것도 맞다. 어차피, 길이 없어도 가야하기 때문이다. 가는 곳이 길이고, 만드는 것이 법일 뿐이다. 누구에게 묻지 않는다.

기적의 땅, 두바이

1 billion dollars – 10억 달러(1조 2천억 원) 계약을 안겨준 은혜의 땅.

무한한 신뢰와 협력을 약속한 형제들의 나라. UAE 두바이는 나 이장헌과 ESSCOM에게는 영원히 기억될 나라이다.

두바이는 모래만 끝없이 펼쳐진 황량한 사막 한가운데에 마천루로 이루어진 도시다. 마치 외계인이 마법을 부린 것처럼 대단히 호화롭고 멋진 나라다. 알고 보면 우리는 사막 위에서 폭풍을 일으킨 주인공이 되었다.

아무것도 없는 사막의 허허벌판이었던 땅 두바이는 전 세계 수많은 부호들과 금융인들이 서로 투자와 금융 거래를 위해 왕래가 끊이지 않는 세계 금융의 심장이 되었다. 두바이에는 전 세계에서 투자를 받으려고 모이는 신기술들과 기술자들이 매일 쏟아져 들어온다.

나는 그들을 만났을 때 내가 개발자로서 그동안 이룬 것에 대한 자부심과 자신감으로 당당히 나섰다. 그만큼 나는 확신이 있었다. 거물급 투자자와 부호들도 많이 만났고 마침내 두바이의 한 투자그룹을 파트너로 삼을 수 있었다.

두바이 투자그룹과 함께 세계시장 공략을 위한 투자 회사를 만들기까지는 조건이 까다로웠다. 그들은 나와의 미팅만으로 결정하는 것이 아니다. 우리의 기술과 사업타당성을 공신력있는 영국 컨설팅그룹을 통해서 검증과정을 거쳤다. 철저한 원칙과 기준으로 조사하고 보고서를 작성하기 때문에 신뢰도가 높은 컨설팅 회사이다. 이들과 함께 전기 및 경영 전문가들로 구성된 조사단이 한국에 직접 와서 설치되어 있는 ESSCOM 현장을 답사하고 개발배경, 기술사항 및 사례를 분석·조사를 철저하게 했다. 그 과정을 거쳐 우리의 사업성과 기술력을 인정한 결과 보고서가 나왔다. 그리고 그 보고서를 통해서 ESSCOM 기술과 사업타당성을 확인한 후 비로소 투자그룹과 대등한 입장에서 ESSCOM 세계화 프로젝트를 위한 투자회사 설립을 결정했다.

두바이에서 계약을 마치고

두바이 사무실에서 사우드회장, 이장헌 회장, 영국 로펌 고문변호사와
주요임원들이 회의를 하고 있다.

조사단과 함께 현장을 답사한 투자그룹 회장은 인류에게 삶의 질을 한 층 고급스럽고 편리하게 해줄 획기적인 기술이라고 감탄하면서 "Power Lee"라는 별칭을 내게 선물했다. 그리고 투자그룹 회장은 파트너로써 어떤 조건을 원하는지 물었다. 내 대답은 "나는 개발자이고 기술 업그레이드에 전념하고 싶다. 투자와 경영으로는 당신이 전문가이고 가장 잘 아는 사람이니 나를 위해 최고의 결정을 해줄 것이라고 믿는다."였다. 나중에 알게 된 사실이지만 일반적으로 지분율에 차이가 대등한 경우는 거의 없다고 한다. 투자자는 개발자보다 더 많은 지분을 갖는데 내가 대등한 지분을 받을 수 있었던 것은 투자그룹 회장이 나의 기술을 인정하고 ESSCOM의 사업성을 알아본 것이 때문이다.

조사단이 두바이로 돌아가고 파트너로 함께 하자는 답변을 받기까지는 시일이 오래 걸리진 않았고 그때까지 설레는 마음으로 기다렸다. 투자그룹 회장은 미국, 유럽 등의 금융가에서도 영향력이 막강한 사람이기에 ESSCOM 세계화를 위해 파트너로 함께 할 수 있다는 사실만으로도 흥분되는 일이기 때문이다.

돈이 아무리 많아도 머리 좋은 사람의 두뇌를 살 수는 없다. 제아무리 돈이 많아도 다른 사람의 위대한 꿈을 사서 대신 이룰 수는 없다. 나의 꿈은 신기술을 개발해서 인류를 안전한 환경에서 살게 하고, 에너지 분야에 혁신을 일으키겠다는 비전이었다.

이러한 나의 꿈, 나의 드림이 마침내 기적의 땅 두바이에서 이루어지기 시작했다. 그리고 그들이 나의 이야기에 감동하고 나의 미래를 축복해주었다.

계약 당시 수많은 문서들을 다루고, 인증하고, 서명하는 일 등 절차가 많았다. 말 한마디, 글자 한자라도 오류가 있어서는 안 되는 거다. 이 상황에서 내가 예전에 전기협회에서 행정, 법률 등을 다루었던 직무 경험이 엄청나게 큰 도움을 주었다. 역시 다양한 경험을 해두면 언젠가는 꺼내서 쓸 때가 있나 보다.

나의 성격은 원래 낙천적이고 철학적이다. 철학은 내 스타일이다. 그러나 행정, 기술, 개발 이런 방면에서는 한마디로 개미만한 실수도 허용 안하는 철두철미한 완벽주의자다. 그래서 신기술 개발에도 성공했고, 특허도 취득할 수 있었고, 사막 한가운데에서 역사적인 계약을 맺을 수 있었다고 생각한다.

나는 많은 말로 그들을 설득하지 않았다. 나는 이미 나의 신기술에 자신감과 확신으로 가득했기 때문에 여러 말을 할 필요가 없었다. 검증된 데이터와 보고서가 우리를 말해주는데 더 이상 무엇이 필요한가.

그들 앞에서 나는 당당했다. 협상 과정에서 그들이 나를 압박하면서 예스를 강요하면 나는 확고하게 노를 선언했다. 그리고 이렇게 말했다. "만약 당신들이 이런 식으로 나에게 무리한 요구를 한다면 나는 당신들과 계약하지 않겠다" 그들은 나의 이런 모습에 깜짝 놀랐다. 자기들 앞에서 그렇게 당당하게 나오니까 당황한거다.

두바이의 담당 실무진들 중 기술 담당 이사들은 미국 최고의 대학에서 전기공학을 공부하고 박사까지 받은 대단히 똑똑한 사람들

에디슨 봉이 김선달, 두바이에 상륙하다

한국의 ESS 설치 현장을 답사하고 있다

한국의 ESS 설치 현장을 답사하기
위해 방문한 사우드 회장을 인천공항에서
이장헌 회장이 맞이하고 있다
(가운데 사우드회장)

희망의 원리

한국의 ESS 설치 현장을 답사하고 있다

두바이 투자그룹과의 회의를 하고 있다

이다. 그들의 전문성과 협상력 또한 뛰어나다. 그러나 나도 이론과 실제 어느 쪽에서든 밀리지 않았다.

나는 상대를 붙잡고 이론적으로 설명하고 분석해서 상대를 설득시켜 버렸다. 모든 장애물들을 다 날려버리고 승리했다. 나는 나의 분야에서는 상대의 공격을 용납하지 않는 강력한 수비를 펼친다. 개발자는 이렇게 협상력도 갖춰야 한다. 큰 성공을 거두고 싶다면 말이다.

내일도 미지의 세계를 향한 항해를 합니다.
오늘은 추석날, 가벼운 마음으로 혼자 두바이 몰과 분수 쇼, 버즈 칼리파 호텔을 산책해 봤습니다. 두바이는 황금의 도시. 움직이는 것 하나, 물 방울 하나 하나가 모두 돈입니다.
사막, 열사의 땅에 분명 인류역사의 가장 찬란한 석유문명의 마지막 불꽃이 타고 있다고 보여집니다.
리차드하인버그의 책 제목, "The Party is over"
우리 인류는 우리도 모르는 사이 어느덧 석유문명 시대의 끝자락에서 있습니다.

"찬란한 석유문명시대는 너무 짧다. 시작과 동시에…"

지구 역사로 봤을때 1세기 100년은 0.6초라고 합니다.

눈 깜짝할 순간이 0.6초라고 하니 석유문명시대는 단 몇 초에 해당 될 것입니다.

석유문명은 이곳 사막에 상상도 못할 문명을 꽃피우고 있습니다.

우리 ESSCOM호는 석유문명시대의 한가운데인 아라비아 해, 페르시아만에 닻을 내려 있습니다.

 각고의 항해 끝에 마침내 이번 9월에 이곳 두바이에서 기모노, 한복, 아랍복장이 한 곳에 모여 정상에선 감격스런 세레모니를 무사히 마치고, 이제 다시 우리는 새로운 항구, 인도양을 항해해 미지의 이슬람세계 카라치항구를 향해 나아갈 것입니다.

우리에게는 하나님께서 이사야 예언자를 통해 주신 꿈이 있습니다.

"네가 부르는 나라가 네게 달려 올 것이요.

네가 알지 못하는 나라가 네게 달려 올 것이라" 아멘

에디슨 봉이 김선달, 두바이에 상륙하다

두바이 전통의상을 입었다

두바이 투자 그룹 부회장댁에 초대를 받았다

50억을 거절한 사나이

오직 신속 민첩과 결단으로 나아갈 뿐이다. 뒤쳐지지 않고, 한 눈 팔지 말고, 곁눈질 않고 왜냐고 묻지 않고 오직 바짝 따라오는 자만이 정상에 설 것이다. 나도 모르는 일을 시간 없는데 왜냐고 묻지 마라. 그곳은 부가 산처럼, 바다처럼, 파도처럼 흐를 것이요. 가장 어려운 것이, 가장 쉬운 것임을 볼 것이라. 빛의 사자의 눈동자는 누구를 만나더라도 고요하다.

나는 대한민국에서 개발자로서 좋은 기억이 별로 없지만 기분 좋은 추억거리가 하나 있다. 대기업의 제안을 폼나게 거절했던 기억이다. 한참 전에 나는 국내 한 대기업과 1년여에 걸쳐서 투자 협의를 진행했었다.

한때 내가 거기에서 근무했던 인연과 지인들의 연결과 소개로 나도 '이거 한번 성사시켜보자'라는 적극적인 심정으로 임했다. 내가 직접 본사에 가서 제품 설명, 시험 데이터 소개 등 브리핑도 성심성의껏 했다.

기업 측에서 신중히 기술 검토까지 마치고 우리 기술과 제품이 좋다고 인정하면서 마음에 든다고 했다. 인정받고 검증을 거친 우리 기술을 해당 기업 측에서 다 조사해보고 나름대로 분석, 파악해본 결과, 우리 것이 우수하다는 것을 인정한단다. 실적도 있고 나에게는 라이센스도 있었으니까. 함께 사업을 진행하기로 하고 투자를 어떻게 할 것인지 구체적으로 논의하는 단계로 넘어갔다. 이때부터는 대기업 측에서도 굉장히 적극적으로 나왔다.

그들은 우리 기술을 검토한 후에 투자 파트, 영업 파트 등에 정보를 넘겼다. 그렇게 서로 협의해서 주문자 상표부착 방식인 OEM으로 생산과 판매를 그 기업 측에서 맡아서 하는 것이었다.

진행 과정에서 기술 영업 파트 부장들이 지방에서 서울까지 와서 우리 제품을 직접 보고 판매 제품의 디자인을 어떻게 할 것인지 등 세부적인 사항까지 체크하는 단계까지 접어들었다. 계약 성사가 점점 코앞으로 다가오는 분위기였다. 그 이후에는 이 회사 사옥에서 본사 이사들과도 회의를 몇 차례 더 진행했다.

그렇게 검증과 회의를 반복한 후 드디어 마지막 계약 협상 테이블에 우리는 앉았다. 이 회사는 우리에게 계약금 50억 원을 제안했다. 이 회사 측에서 우리에게 50억을 주고 그 회사 이름으로 제품을 생산해서 판매하자는 것이다. 그리고 판매 이익금을 반씩 나누자는 것이다. 그때 그 시절에 50억은 나쁘지 않은 좋은 조건이다.

대기업의 판매망과 영업력은 우리와 감히 비교가 안 될만큼 크고 대단하다. 만약 우리가 1년에 100억을 판매한다면, 그들은 1,000억~2,000억 원대의 매출이 충분히 가능하다. 이 회사가 공격적으로 나서면 그 이상이 될 수도 있다. 많이 판매 될 수록 우리의 수익금 역시 커지니 같이 하자고 우리를 설득했다. 틀린 얘기가 아니고 손해보는 장사 아니다. 당시의 내 입장에서는 다시 잡기 힘든 기회일 수 있었다.

이 회사에서 이제 마무리를 짓고 사옥에서 최종 결판을 내자고 했다. 이들의 태도로 봤을 때 내가 몇 십억 더 요구해도 응했을 것 같았다. 그때 내가 그 계약에 사인을 했을까 안했을까? 물론 안했다. 사인을 했다면 오늘날의 이장헌과 ESSCOM이 있을 수 없고, 두바이의 기적도 없었을 것이고, 이 책도 나올 수 없었을 것이다.

나는 대기업과 협상을 진행하면서 솔직히 계약서에 당장 사인을 하고 싶은 순간도 많았다. 그동안 겪어온 고생스러운 시간들과 노력, 그리고 앞으로를 생각하면 보상 받는다 생각하고 그렇게 나의 노력의 산물을 넘기고도 싶었다. 하지만 깊은 고민과 갈등 끝에 내가 끌고 가기로 결정했다. 그리고 나는 뿌듯했다. 여하튼 대기업으로부터 인정을 받은 거니까.

대기업으로부터 그때 제안받은 계약조건만으로도 굉장한 성공이라고 생각했다. 계약금조로 제시한 50억도 결코 적은 돈이 아니다. 내가 수락했다면 그들은 계약하자마자 그 자리에서 현금으로 50억을 건내 주려했다.

보통 사람이라면 대부분 수락을 할 것이다. 판매 이익금의 50% 배분 역시 너무나 매력적인 조건이다. 나는 중소기업은 커녕 개인 소기업의 입장이었는데 50%를 준다는 것은 그만큼 나의 기술을 높이 인정했다는 증거다. 이 회사와의 계약 조건은 사실상 홈런을 친 것이다.

이들은 내가 거절할 수 없는 최상의 계약 조건을 제시한 것이다. 그리고 내가 욕심을 부리면 받아줄 생각도 있었던 거다. 마지막 미팅 때 동행한 우리 회사의 감사원 출신 서 고문님에게 부탁해 내가 해당 기업 측으로부터 50억 계약금과 50% 판매이익금 제안과 그것을 거절한 증거를 문서로 남겨달라고 해서 1등 복권 마냥 기념으로 지금도 가지고 있다. 계약을 하지는 않았지만 너무나도 가슴 뿌듯한 순간이었다.

그렇다면 나는 왜 그들의 달콤한 제안을 거절했을까? 나는 그 당시에도 더 큰 꿈과 비전을 포기하지 않고 바라봤기 때문이다. 그 이후에 억울한 고생을 겪을 때는 그 때 계약 안한 것을 잠시 후회적도 있었다.

호랑이 사냥과
언 땅에
헤딩하기

사람은 누구나 복 있는 사람을 만나기를 원합니다. 복있는 사람이란 복있는 마음, 생각, 행동, 언행의 사람입니다. 꿈을 향해 모든 고난과 역경을 극복하여 부와 복의 사람이 되시길 축원합니다.
아멘.

나는 유독 대기업과 인연이 많았다. 젊을 때 대기업에서 근무했는데 그것이 계속 인연의 끈이 되어준 것 같다. 내가 근무했던 그 기업과의 짜릿했던 협상은 아직도 생생한 기억으로 남아 있다. 그때 실제 납품이나 계약이 성사되지는 않았다.

이 회사와 연결되기 이전에 나는 먼저 또 다른 계열사인 H를 접촉했다. 이번에는 누가 연결해준 것도 아니었다. 기왕 잡을 거면 큰 호랑이(대기업) 굴 속으로 들어가자는 심정으로 무작정 본사로 쳐들어갔다. 하지만 아는 사람이 있을 턱이 있나. 아무도 모른다. 그래서 일단 전기 파트 담당자를 만나기로하고 찾았다.

해당 부서에 가서 담당 차장을 만났다. 인사와 내 소개를 하고 제품 브리핑을 일사천리로 했다. 다 듣고 나서 차장은 그냥 가라고 했다. 자기들은 우리 제품이 필요 없다는 거다. 그래도 한번 더 제안해 보고 설득했다. 하지만 매몰차게 돌아서버리는 차장. 거참 차가운 양반일세.

내가 그대로 문을 열고 나오면 그 문을 다시 열 수 없을 것 같았다. 그래서 더 높은 사람인 부장을 만나기로 했다. 그런데 부장은 부재중이었다. 그 사이에 다른 직원을 통해 전해들은 바로는 부장이 내가 한때 몸담았던 대기업 출신이란다. 나와 같이 근무한건 아니지만 학교로 치면 동문이 아닌가. 갑자기 너무 반갑고 하늘이 또 도와주는가보다 싶었다.

기다리고 있다가 사무실로 들어오는 부장을 발견하자마자 달려가서 90도 인사를 했다. 그리고 "부장님, 안녕하십니까. 저는 예전에 부장님과 같은 기업에서 근무했었던 이장헌이라고 합니다. 현재 저는 ESSCOM 대표로서 대한민국 신기술 인증 1호를 받은 전기에너지 안전효율화 제품을 출시했는데 이 회사에 꼭 필요하다고 생각되어 이렇게 실례를 무릅쓰고 찾아뵈었습니다. 잠시 시간을 내어주시면 저희 제품을 소개해드리고 싶습니다."라고 했다.

부장의 반응은 차장보다 더 안 좋았다. "이보시오. 여기가 어디라고 함부로 들어와서 물건을 팔려고 해요? 여기가 재래시장인줄 알아요? 헛소리 말고 당장 돌아가요!" 아, 실망스러웠다. 꼭 되리라고는 생각 안했지만 너무 냉대를 하니 맘이 좀 상했다. 내 뒤에 있던 차장이 씩~ 웃는 게 어찌나 얄밉던지. 그렇게 나는 맥빠진 모습으로 기업 본사를 걸어 나왔다. '여긴 안 되는 거구나'라는 생각을 하면서.

다음 날이었다. 점심시간이 가까운 오전 시간에 그 회사에서 전화가 걸려왔다. 나는 내가 무슨 실수를 하고 왔는가 했다. 그렇지 않다면 나에게 연락할 일이 없으니까. 전화를 걸어온 직원은 "제품 인증서 등 필요 서류와 계약서까지 모두 챙겨서 오후에 들어오세요. 부장님 오더입니다" 이런 일이!! 나를 내쳤던 부장이 계약을 하러 들어 오라는거다.

점심을 먹는둥 마는둥 하고는 서둘러서 본사에 들어갔다. 나는 어제 찾았던 사무실의 부장 자리로 가서 또 90도로 인사를 했다. 부장은 다른 직원을 대동하고 나를 회의실로 안내했다. 그 자리에서 나는 우리 제품을 열심히 브리핑했다. 다 듣고 난 부장은 "계약합시다. 계약서 꺼내세요."라고 하는거다. 일이 일사천리로 풀려버렸다.

계약을 마치고 티타임 때 나는 부장에게 물었다. 어제 가라고 해놓고 오늘 이렇게 계약이 된 것은 무슨 까닭이냐고. 그랬더니 부장은 "나랑 같은 회사 다녔다고 큰 소리로 직원들 있는데서 말하고 부탁하러 온건데 거기서 내가 반겨주고 바로 계약하면 사람들이 좋은 말 하겠소? 그래서 더 쎄게 매정하게 말한 것이니 너무 마음에 두지 마세요" 이러는 거다. 마음씀씀이가 참 좋은 사람이구나 싶었다. 그리고 계약을 해줘서 너무 감사했다.

이 회사와의 첫 계약은 8천만 원이었다. 그 후 1억, 1억 2천, 1억 5천 등 납품계약 규모가 점점 올라갔다. 이 금액은 당시에는 굉장히 큰 거였다. 이 회사와 계약할 그즈음은 우리 회사의 사정이 좋지 못할 때였다. 이 때 이 기업과의 계약이 없었더라면 많이 힘들었을 거다. 이 회사와 계약 후 나는 잘 풀리기 시작했다. 역시 대기업과 뭘 하면 다른가 보다.

ESSCOM의 제품은 초기에는 아날로그적인 기술이 적용되었다. 당시의 한계였는데 설치 및 사후 관리면에서도 아날로그는 아쉬움이 많았다. 그래서 나는 디지털 기술로 전환하여 제품을 공급하기로 했다. 납품해서 설치 과정에서는 이상이 없었으나 설치 후 얼마 안되어 많은 수량의 제품이 고장을 일으켰다. 소프트웨어 문제인지, 하드웨어 문제인지부터 파악하고 에러를 잡아야했다. 우리를 믿고 계속 납품을 받아준 것인데 갑자기 이런 상황이 발생하니까 당황되었다.

무슨 일이 있어도, 내가 손해를 보는 일이 생겨도 반드시 복구를 해주어야 하는거 였다. 상대는 대기업이 아닌가. 게다가 나를 믿고 계약해 준 부장을 위해서라도 잘 해야했다. 그런데 정작 부장은 나에게 안심시키며 "천천히 하세요. 확실하게만 하면 됩니다" 라는거다. 정말 좋은 부장님!

그런데 이 회사에서 첫 번째로 만났던 차장이 나를 불러 세우고는 호통을 쳤다. 어디서 형편없는 물건 갖고 들어와서 이 난리냐고. 어떻게 책임 질 거냐며 호되게 나무랐다. 에러가 터지자 반대했던 차장은 이때다! 싶었던 거다. 나는 죄송하다고만 하고 묵묵히 듣고 있었다.

　다음 날 현장을 방문하기 위해 본사에 들어갔을 때 사무실 밖으로 큰 소리가 새어나왔다. 무슨 일인가 싶어 문을 열고 들어갔더니 부장이 차장을 세워놓고 고래고래 소리를 지르는거다. 어떻게 알았는지 전날 차장이 나를 나무란 것을 가지고 차장을 혼내고 있는거다. "니가 뭔데 내가 직접 계약한 협력업체 사장에게 함부로 하냐"며 나를 감싸주는게 아닌가.

　마치 하나님의 빽을 가진 것 같이 든든했다. 믿을 구석이 생긴 것 같아 기분이 좋았다. 사실 부장은 우리 회사와의 계약으로 윗선으로부터도 그닥 좋은 시선을 받지 못하고 있었다. 아주 큰 모험을 해준거다. 생각할수록 고맙지 뭔가. 그 뒤로는 차장이 나와 마주치면 아무 말없이 가볍게 목례를 하고 지나갔다.

　그런데 사실 해당 기업에 납품한 제품은 초기에 생산한 제품들이었다. 설치 후 크고 작은 에러가 확인되면 업데이트, 업그레이드를 한다. 그런데 우리는 그때만 해도 납품, 설치 실적이 많지 않았고 그 회사와 같은 대규모 현장에는 처음 설치하는 것이어서 미리 예상을 할 수 없었다. 솔직히 우리 입장에서는 이 기업에 납품하는 것이 너무나 좋은 제품 테스트장이었다. 그렇게 현장에서 제품은 더 발전하게 되는 거다.

나는 직원을 파견하여 상주시키면서 에러를 잡아내도록 했다. 그러다가 직원이 안전사고를 당해 부상을 입었다. 엎친데 덮친 격이었다. 나는 다른 직원을 파견시켜 이어서 복구작업을 하도록 조치했다.

퍼스널 컴퓨터의 종가 IBM도 창사 초기에 납품했던 컴퓨터 500대가 전부 고장나 버리는 일이 있었다. 그러자 IBM 회장은 수리가 아닌 500대 전부 새것으로 교체해주었다. 멋지지 않은가. 제품의 고장이나 에러는 창피할 일이 아니다. 정상적인 거다. 수명이 다되면 교체해야 하는 거고 문제가 생기면 책임지면 되는 거다. 제품이란 것은 복구하고 업그레이드하면서 점점 더 좋아지는 것이다.

사업은 계약해서 납품만 잘한다고 끝이 아니다. 결제, 돈을 잘 받아내야 한다. 최종적으로는 돈을 버는 것이 목적 아닌가. 일반기업들도 절차가 있지만 대기업의 절차는 더 까다롭고 오래 걸린다.

사옥의 통합구매실로 보내진다. ESSCOM의 납품 결제 건이 이사님까지 통과되고 마지막으로 대표이사의 결제만을 남겨두고 있었다. 그런데 무슨 일인지 대표이사의 결제가 나지 않고 있다는 것이다.

당시 이 회사의 재정상황은 그다지 좋은 편이 아니었다. 그래서 전 계열사에게 새로운 사업은 금지시켰다. 그래서 혹시 우리 납품건도 신사업으로 취급하나 싶었다. 상황이 그렇다보니 불안해졌다.

그런데 때마침 알게 된 희소식. 이 회사 대표이사가 내가 일했던 계열사에서 온 분이라는 거다. 내가 해당 기업 계열사에서 근무했던 게 그때처럼 기분 좋았던 적이 없다. 그래서 나는 대표이사실을 무조건 방문했다. 하지만 나는 미리 약속도 하지 않았고 마침 대표이

사는 부재중이었다.

나는 비서실에 정중한 메모를 남겼다. "대표이사님. 저는 이 회사 출신의 ESSCOM 대표 이장헌입니다. 이번에 이 회사에 납품하게 되었습니다. 이런 기회를 주셔서 얼마나 감사한지 모릅니다. 납품한 건에 대해서는 언제까지 책임질 것입니다. 그런데 대표이사님, 저희에게 이번에 해주셔야할 결제 건에 대한 부탁을 드리고자 합니다. 저도 현재 회사 사정이 좋지 않은 것은 알고 있습니다만은 저희 같은 소기업에게 배려해주신다면 앞으로 힘내어 더욱더 최선을 다하겠습니다. 감사합니다"

그랬더니 이튿날 대표이사 결제가 통과됐다는 연락이 왔다. 물러서지 않고 나아가는 나의 성향과 한번도 본적은 없지만 같은 회사 출신이라는 공감대를 뚫고 들어간 것이 적중했다고 생각한다.

본사에서 결제를 승인하고 그룹 통합구매실로 가면 최종 결제금액이 거기에서 정해지는데 보통 견적금액의 10~30%를 깎아버린다.

한마디로 거저먹겠다고 일단 후려쳐버리는 것이다. 그때 만약 그것을 그대로 받아들이면 그것이 기준가가 되어서 이후에는 절대로 그 이상 금액으로 결제 받을 수 없게 되는 족쇄가 된다.

그래서 나는 어떻게든 제대로 결제 받으려고 애썼다. 담당 대리에게 찾아가서 부탁을 하니 자기들의 일이 깎는 건데 어쩔 수 없다며 외면했다. 그래서 그 위의 담당 과장을 만났는데 이 사람도 H중공업 출신인 거다.

이쯤되면 이건 우연이라고 하기에는 표현이 부족하다 싶은 생각이 들었다. 담당 과장에게 다시 한번 간곡히 부탁했다. 하지만 이번에는 쉽지 않았다. 담당 대리와 똑같은 말로 나의 요청을 반려하며 돌아섰다. 자기들의 본분을 저버릴 수 없다는 거다. 나는 더 이상 방법이 없다고 생각했고 이번 납품 건은 망했구나 싶었다.

그런데 다음날 최종 사인을 하러 갔더니 결제 청구액의 95% 금액으로 최종 결정 났다고 하는 것이 아닌가. 보통 많이 나와봐야

70~90%인데 이 정도면 최고 수준인 것이다. 청구금액 전액 다 받은 거나 다름 없다. 이렇게 된 자세한 내막은 모르지만 내부 회의에서 갑론을박하다가 가격이 좋게 나온 거라고 전해들었다.

나로서는 정말 짜릿했고 천운이 아닐 수 없었다. 납품 시작부터 최종 결제까지를 보면 내가 그 회사에 근무하지 않았더라면 있을 수 없는 일들이라고 정리할 수 있다. 그만큼 이 기업이 여러모로 큰 역할을 해냈다. 다른 중소기업에 근무했더라면 있을 수 없는 일이다. 결국 이 납품 건을 발판으로 우리 회사는 도약할 수 있었고 오늘날의 성공이 있게 된 자양분이 됐다고 생각한다. 참으로 감사한 일이다.

대기업과의 계약은 그래도 인맥이 있어서 도움을 받았다고 해야 할 것이다. 그런데 공공기관의 납품 계약은 얼어 있는 맨땅에 헤딩하는 것이었다.

나는 공공기관에 안정적인 납품을 하고자 여기저기 알아보고 다녔다. 그러다가 한 공공기관 본청의 전기쪽 담당자가 6급 주임인데

산하 25개구 청장들이 설악산에서 본청 주임과 단합을 위한 회동이 있다는거다. 나는 그길로 즉시 혼자 설악산으로 향했다.

다음날 다함께 겨울 설악산 등반을 한다는 거다. 다들 등산장비를 챙겨왔는데 나는 구두차림이었다. 하지만 거기서 못 간다고 할 수 없었다. 아니 맨발로라도 함께 올라가야했다. 나는 구두에 새끼줄을 묶어서 걸어 올라갔다.

그날 나는 힘들어서 아주 죽을 고생했다. 신발에 새끼줄을 동여매었지만 운동화도 아닌 구두여서 어찌나 미끄럽던지. 하지만 그 고생의 성과는 대단했다. 대여섯 시간 등반하는 동안 구청장들과 온몸으로 함께 부딪히며 엄청 친해져 버렸다. 그 인연으로 조달청을 통해 해당 기업에 20억 상당을 납품을 하게 되었다. 정말 기쁘고 보람 있었다. 대성공이었다.

그런데 우리가 그렇게 잘 나가니까 배 아파서 누군가가 거짓말을 꾸며서 투서를 했다. 사실이 아니었지만 결국 그것으로 인해 해당 공공기관 일이 더 이상 진행되지 못했다. 만약 그대로 잘 되었더라면 조달청을 통해서 엄청난 규모의 납품이 이어졌을 거고 아마 지금쯤 나는 재벌이 되어 있지 않을까 싶다. 그 정도로 규모가 컸던 건이었다.

맨발에
슬리퍼를 신고
일했던 시절

은혜란 자신이 노력해서 얻어지는 것이 결코 아닙니다. 받은 은혜를 지키는 것은 감사함을 볼 수 있는 마음자세 입니다. 아멘.

나는 일본에서 인정을 받은 후 전기 산업의 본산인 미국으로 건너가겠다고 결심했다. 일본과 미국에서 인정받아서 전 세계로 진출할 수 있는 확실한 기반을 만들겠다는 계획이었다. 그렇게 ESSCOM 세계화의 첫 시작은 일본 진출이었다.

일본에서는 특히 다양한 에피소드들이 많다. 일본은 첫 방문부터 스펙타클했다. 한국의 지인으로부터 일본 민단 부회장으로 일했던 한 분을 소개 받았다. 그는 일본의 유명한 파친코 회사 회장과 잘 아는 사이라고 하면서 그 회사의 투자를 받게 해주겠다고 했다.

나는 그를 만나러 일본으로 출국하기 위해 차를 몰고 인천공항 주차장에 도착했다. 그런데 여권을 놓고 온 것이다. 다시 죽기 살기로 악셀을 밟아 서울 집에서 여권을 챙겨 간신히 비행기를 탔다. 그때 양말 신을 시간도 없어서 맨발에 슬리퍼 차림이었다. 첫 일본행은 그렇게 슬리퍼와 함께였다.

일본에 가서 내가 아는 현지의 지인들 중심으로 14명을 모아 놓고 일본 음식점에서 첫 설명회를 했다. 그런데 그날 참석자 중에 일본 스님이 한 분 계셨다. 알고 보니 한국의 동국대학교 졸업 후 일본 교토대학 종교철학과를 나온 한국인이었다.

한국인이 일본에서 스님으로 있었다. 그런데 그분이 내가 개발해 온 과정을 듣더니 눈물을 보였다. 처음 만난 사람인데도 나의 이야기에 감동을 한 거다. 또 다른 일본 아주머니 한 분은 '저 사람은 투자 받으러 왔다고 하는데 맨발에 슬리퍼를 신고 왔네. 하고 있는 모습을 보니 사기꾼은 아니겠다'라고 생각했다는 거다.

이분이 내 손을 잡고 안 놔주어서 함께 앉아 아주머니가 하고 싶은 말을 다 할 때까지 있었다. 나는 일본어를 못하는데 알아듣는 척 하느라고 진땀을 뺐다. 나를 알아준 사람에 대한 예의라고 생각했다. 지금도 종종 안부를 나누는 분이고, 일본에 가면 가끔 같이 식사도 한다. 일본 사람들은 대체적으로 그렇지만 참 예의바르고 깨끗하다. 우리가 여러모로 본받을 점이 많다.

나는 절치부심한 끝에 드디어 일본 발명 특허를 따냈다. 내 나라 대한민국에서는 특허 기술을 받은 후 기술력이 우리보다 앞서 있는 일본으로 건너와서 일본 법무성이 인정하는 일본 발명 특허를 취득한 것이다. 나는 그때부터 본격적으로 일본에서의 활동을 시작했다. 일본 특허권을 앞에 내세우고 우리 기술과 제품을 소개했다. 일본 정부에서 인정한 기술이기 때문에 가장 확실한 인증이다.

당연한 말이지만 일본에서는 일본 특허가 없으면 사람들이 상대도 안해줘서 발 붙이기가 어렵다. 그만큼 특허는 중요하고 위력이 대단하다. 일본의 변리사, 공학박사, 기술사 등 전문가들을 찾아다니며 브리핑해서 그들이 우리 기술을 우수한 기술로 인정했다는 확인서를 받았다. 그런 확인서들이 수십장 쌓여갔다.

이렇게 어렵사리 일본특허를 취득하고 나서 이제 본격적으로 일본에서 사업을 해보려고 슬리퍼 신고 사방을 다니며 법인 설립을 위해 좌충우돌할 때의 사연이다. 일본 정부가 특허 기술평가를 인정해주어서 자본금 10억 원 정도를 유치할 수 있었다. 그 후 일본에 법인을 설립했고 500만엔(5천만원)은 현금으로 먼저 받고, 9천만엔(9억원)은 기술 인정으로 단계적 투자를 약속 받았다. 맨손으로, 아니 슬리퍼만 끌고 다니면서 이룬 성과치고는 훌륭하지 않은가?

법인 사무실을 구하러 다닐 때 있었던 에피소드가 있다. 일본은 사무실 계약시 보증인이 필요하다. 나는 미리 사무실 보증금과 보증인이 되어줄 현지인을 섭외해두었다. 그런데 사무실 계약 당일 보증금을 가지고 오기로 했던 일본인 투자자가 연락도 없이 오지 않았다. 약속 시간인 2시가 넘어도 오지 않았다. 할 수 없이 나는 그냥 혼자 건물주를 만나러 갔다.

그리고 건물주에게 사실대로 말을 하고 '나는 약속을 지키고 싶으니 1만엔이라도 괜찮다면 계약금으로 내겠으니 계약을 합시다. 월세는 늦지 않게 잘 내겠습니다.'라고 말했다. 건물주는 70세가 넘은 도모 회장이라는 분이었다. 그는 나를 가만히 쳐다보더니 "당신 아주 크게 되겠다"라고 하며 내가 관상학적으로 배짱도, 배포도 크다고 했다. 순간 소름이 돋았다.

그 옛날 종로에서 만난 철학관 선생님이 하신 얘기와 똑같은 의미의 말을 한 게 아닌가. 나를 그런식으로 좋게 보아서인지는 모르겠지만 여하튼 그 자리에서 보증인도 없이 일사천리로 사무실 계약이 이뤄졌다. 단돈 1만엔의 계약금으로 말이다. 그리고 도모 회장은 보증금 1만엔 외에 월세는 받지 않겠다고 했다. 나처럼 크게 될 사람에게 자기가 베풀고 투자하는거라면서 자기 건물에서 잘 돼서 나가라고 했다.

그 당시 나는 너무너무 감사해서 도모 회장의 두 손을 부여잡고 연신 감사하다고 했다. 그 후 건물주인 도모 회장님은 우리 회사의 열성 투자자가 되었다. 사람의 인연이란 참 신기하다.

회사를 설립했으니 은행 계좌가 필요해서 은행에 가서 계좌 발급 신청을 했다. 그런데 돌아온 답변은 바로는 안되고 회사 설립일로부터 최소한 1개월이 지나야 된다는거다. 한달이 더 걸릴 수도 있다는 말이다. 당장 사업을 돌려야하는 입장에서는 한달도 기다리기에는 엄청나게 긴 시간이다. 그래서 나는 곧바로 우리나라 은행을 찾아갔는데 거기서도 안된다는거다. 한국에서 설립한 은행이라도 은행 설립이 일본 법에 의해 이루어졌기 때문에 해줄 수 없단다.

이 문제를 어떻게 할까 생각하다가 나는 일본 현지법인의 대표이사와 함께 통역원을 동행하고 신주쿠 역에 있는 일본 최대의 노무라 투자은행으로 향했다. 노무라 투자은행은 일본 내에서 뿐만 아니라 세계적으로 유명한 은행이다. 이미 다른데서 퇴짜를 맞았지만 배포 있게 일본에서 제일 크고 유명한 은행에 가서 못해주는 은행계좌를 달라고 떼쓸 참이었다.

우리는 법인 은행계좌를 만들고 싶다고 했더니 사업 계획서 용지를 주면서 작성하라고 했다. 나는 일본어가 능숙하지는 못하지만 어릴 때 서당에서 익힌 한자 실력과 전기협회에서의 기술 행정, 법령을 다루었던 경험을 토대로 사업계획서를 아주 꼼꼼히 작성하여 신속하게 제출했다. 부정적인 답변과 함께 신청서를 반려할 줄 알았는데 그대로 접수를 받아 주었다. "어라? 뭐지?"이런 느낌으로 우리는 돌아왔다.

그로부터 정확히 일주일 후 우리 회사의 은행계좌가 개설되었다고 노무라 투자은행으로부터 연락이 왔다. 다른 은행들은 수개월이 걸려도 어렵다는 것을 받아냈다. 그것도 일본에서 가장 크고 유명한 은행에서 1주일 만에 내준 거다. 통장 수령, 기타 업무를 보기 위해 노무라 투자은행을 방문했다.

그런데 잠시 후 깔끔한 정장 차림의 한 신사가 뚜벅뚜벅 내게로 걸어왔다. 내 앞에 서더니 90도로 허리를 굽혀 인사를 했다. 얼떨결에 나도 엉거주춤 맞인사를 나눴다. 그가 자기소개를 했는데, 노무라 투자은행 신주쿠지점장이었다. 우리는 반갑게 악수를 나눴다. 그리고 잠시 담소를 나누며 나의 사업얘기도 했다. 그러다가 우리가 어떻게 그렇게 빨리 노무라 투자은행에서 회사 은행계좌를 만들 수 있었는지 알게 됐다.

1주일 전 은행계좌 개설을 위해 우리가 노무라 투자은행에 방문했을 때, 지점장은 멀찌감치에서 우연히 우리 일행을 보았다고 했다. 그는 그때 처음 보는 사람인 내가 노무라 투자은행의 VIP 고객이 될 느낌이 들었다고 한다. 사업을 한다면 크게 성공할 사람으로 보였단다. 그래서 갑자기 신뢰감이 상승하여 일면부지의 한국인에게 일본인도 쉽게 받을 수 없는 특혜를 허락했다는 것이다.

건물주 도모 회장-노무라 투자은행 신주쿠 지점장으로 이어지는 이 신기한 만남의 흐름. 나는 뭔지 모를 자신감과 에너지가 충만해짐을 느꼈다. 두 사람은 내 삶이 어려움, 위기에 처했을 때 예상치 못하게 찾아와 해결해주는 귀인이라고 할 수 있지 않을까. 우연이라고 하기에는 결코 가볍지 않았다.

그후에 일본의 한 저축은행에서 우리 법인 계좌를 만들어주겠다고 먼저 연락이 왔다. 그렇게 우리는 외환구좌를 포함, 은행계좌를 2개나 만들 수 있었다. 주변의 일본사람들이 신기하다고 할 정도였다. 그렇게 은행계좌가 빨리 만들어졌기 때문에 일본에서 순조로이 20~30억의 투자를 받을 수 있었고 이것이 세계 진출의 종잣돈이 되었다.

일본에서의 나의 행적은 맨손으로 일본어도 제대로 모르는 상태에서 일본인들도 놀랄 정도의 성과를 거둔 '맨발의 기적' 또는 '슬리퍼로 이룬 성공'이라고 하면 어울리지 않을까.

내가 보유한 전기 에너지 기술은 소모품으로 판매하는 단독 아이템이 아니다. 그래서 기술 평가를 거쳐서 인정받고 자본이 연결되어야 그 가치와 힘을 발휘하게 된다. 그래서 나는 일본에서 법인을 설립하고 여러 평가와 입증을 통과한 것이고 이것은 나의 값진 자산이다.

나는 다음으로 일본에서 미국 특허를 준비하기로 했다. 미국의 전기 분야 특허는 세계 최고의 권위를 자랑한다. 그 다음으로 일본 특허다. 그래서 일본 특허를 갖고 있으면 미국 특허 취득에 유리하다. 내가 미국 특허 취득에 필요한 자금을 우리 회사의 일본 법인의 일본인 주주들이 대주었다. 그렇게 미국 특허 취득을 향한 카운트다운이 시작되었다.

제2의 에디슨으로 태어난 남자

인생은 남 따라서 할 일이 아니다. 스스로를 개척하는 것이 한번 사는 인생의 멋이다.

미국은 모든 개발자, 발명가의 최종 목적지가 되곤 한다. 앞서 여러 번 언급했듯이 나와 ESSCOM 역시 미국을 목표로 하여 때를 기다리고 있었다. 미국 발명 특허를 취득하면 실제로 에디슨을 만날 수는 없지만 미국 특허로 우리는 만날 것이다.

나의 지인 중 한 사람인 대전 카이스트의 한 박사가 미국 인맥을 소개해 주겠다고 하여 그의 주선으로 미국 현지 기업과 연결이 되었다. 미국 회사의 아시아 담당자가 내한해서 미팅을 갖고 우리 기술과 제품에 대해 이론적 브리핑을 하고 함께 논의를 했다.

그때 이론 브리핑 도중에 내가 "이런 거(우리 제품) 미국에도 있으면 제일 좋은 거 갖고 와보세요"라고 했다. 미국에도 비슷한 것이 있다면 말로 하는 것보다 실제로 실물을 놓고 비교하는게 훨씬 나을 것 같아서였다. 얼마 있다가 미국 회사 측에서 보낸 제품이 도착했다. 내가 자세히 살펴보니 그 제품은 소전류만 제어 가능하고 대전류는 아예 불가능한 것이었다.

166
에디슨 봉이 김선달, 두바이에 상륙하다

두바이 경제포럼에 VIP로 초정받아서 참석했다

우리 제품과 유사해 보이지만 실용성이 매우 떨어지는 것이다. 같은 종류의 TV라도 30만 원짜리와 300만 원짜리는 비교 불가한 것과 같다. 대전류를 제어하려면 복잡한 소프트웨어 등 고도의 기술이 많이 필요하다. 나는 미국 제품에 대한 나의 분석 결과를 그들에게 보내주었다. 그랬더니 그들은 우리를 미국으로 초청했다.

당시에 나는 너무 바빠서 직원을 대신 보냈다. 미국에서의 미팅에서 그들은 우리에게 10억에 딜을 해왔다. 그들이 판단하기에 우리 기술이 미국 시장에서 신기술로 인정되면, 회사의 주가 상승 등 파생 효과가 크다고 판단했을 것이다. 그런데 이 계약은 성사되지 못했다.

당시까지만 해도 우리는 미국 특허가 없었다. 미국은 지식재산권이 매우 강력히 보호되는 국가여서 특허 없이는 기술 거래를 할 수 없다. 설령 거래하더라도 모든 위험을 안고 진행하는 것이라서 보호받지 못하고, 잘못되는 경우 모든 것을 당사자가 전부 다 감수해야 한다.

미국 특허는 전 세계 특허 중에서 가장 가치 있고 위력있다. 운동선수가 올림픽 금메달을 소원하는 것과 같다고나 할까. 개발자, 발명가들의 염원이다. 미국에서는 기술이 특허로 지식재산권을 보호하고 있지 못하면 투자자들에게 외면 받는다. 에디슨은 미국의 300년 전기 에너지 역사의 시초이자 상징이다. 그만큼 에디슨과 미국이 전기 에너지 역사에서 차지하는 비중이 크고 깊다.

영어가 서툰 내가 용감하게도 혼자 우리 제품 한 대만 가지고 미국으로 날아갔다. 비행기가 존 에프 케네디 공항에 내렸는데 공항 세관 직원과 시비가 붙었다. 세관 직원이 우리 제품을 보며 이게 뭐냐는 거다. 그래서 나는 짧은 영어와 손짓, 발짓해서 내가 개발한 전력안전효율장치 ESS라고 겨우겨우 설명했다.

그랬더니 이번엔 가격이 얼마냐는 거다. 세금을 매기려는 것 같았다. 그래서 나는 이것은 판매용이 아니고 샘플이라고 했다. 그렇게 3시간을 말도 안 통하는 사람들과 실갱이 하다가 겨우 빠져 나왔다. 세금도 안내고. 물론 나의 물러서지 않는 근성을 거기에서도 발휘했다. 언어와 세관 수속 문제 등은 세계 진출을 계획하고 있는 개발자라면 기억하고 극복해야할 과제다.

우여곡절 끝에 도착한 미국 땅에서 나는 캘리포니아의 라디오 서울에 초대 받아서 갔다. 그날은 미국 현지인들과 한국 교포들을 상대로 ESSCOM 제품을 브리핑하는 날이었다. 100명이 넘는 상당히 많은 인원이 모였다. 통역은 이민 1.5세대인 방송국 여자 아나운서가 맡아서 했다.

쉽게 생각하고 나 혼자 몸으로 왔는데 말도 안통하고 장애물이 많았다. 브리핑 시작하기 전에 라디오 서울 김동욱 회장이 재미있게 말해야 한다고 나에게 당부했다. 시작하기 직전에 나는 화장실에 가서 "내가 하고 싶은대로 다 말해버리고 만약 잘못되면 미국에 다시 안오면 되지 뭐"라고 생각했다. 그랬더니 마음이 편해졌다.

브리핑이 시작되었다. "오늘 이 자리에 오신 여러분들은 에너지에 대해 관심을 갖고 계신 아주 멋진 분들입니다. 에너지에 관심이 있다는 것은 우리들의 미래를 생각하는 것입니다. 이게 얼마나 가치 있는 일입니까?"라고 말했더니 매우 좋은 반응들을 보였다.

나는 그들의 반응에 힘입어서 "내가 가지고 온 것은 실력 없는 개발자가 만든 물건이 아닙니다. 에디슨이 발명한 전기 에너지와 인텔이 개발한 소프트웨어 칩에 나의 아이디어를 결합해서 만든 것입니다. 오늘 여러분은 대한민국의 에디슨을 보고 계십니다"라는 말에 또다시 열광적인 호응을 보내주었다.

"미국은 위대합니다. 그 이유는 에디슨이 만약 미국에서 태어나지 않았다면 그는 위대한 일을 해내지 못했을 것이기 때문입니다. 그래서 나도 개발자로서 인정받고 성공하고 싶어서 나의 개발 제품을 가지고 여기에 왔습니다"

이날의 브리핑은 내가 고등학교 시절 학생회장을 했던 것이 큰 도움이 되었다. 브리핑이 끝나자 질문들이 한참 이어졌다. 제품을 사고 싶다, 투자하고 싶다, 미국에서 함께 회사를 설립하자 등등 다양한 반응과 제안들이 쏟아졌다. 어느 교포는 나와 따로 만나서 1천만 달러(120억 원)를 당장 주겠다며 투자자가 되겠다고도 했다.

그런데 그때는 내가 돈과 조직과 미국 특허가 없어서 너무나 좋은 조건의 제안들을 받을 수 없었지만 돈으로도 살 수 없는 아주 좋은 경험을 했다고 생각한다. 그날 나는 반드시 미국으로 진출해야겠다는 결심을 하게 되었다.

이때 나 혼자 다녀온 미국방문은 구체적인 계획이나 전략을 가지고 간 것이 아니라 정찰을 하는 기분으로 미국이라는 곳은 전기 에너지 시장 분위기가 어떠한지 둘러보고 온 의미였다.

나는 이때 혼자 미국 방문해서 미국 특허의 중요성을 뼈저리게 느끼고 왔다. 결국 우리는 미국 특허를 취득했고, 그러자마자 국내에서 굵직한 계약들이 연이어 성사되었다. 일산 EBS 디지털 통합 사옥, 삼성전자, 인천공항 등에 각각 제품을 납품, 설치하는 성과를 올렸다. 이 시기에는 해외에 나갈 겨를도 없이 바빴던 것 같다. 좋았던 시절이었다.

ESS 프로젝트에 대해 설명중이다

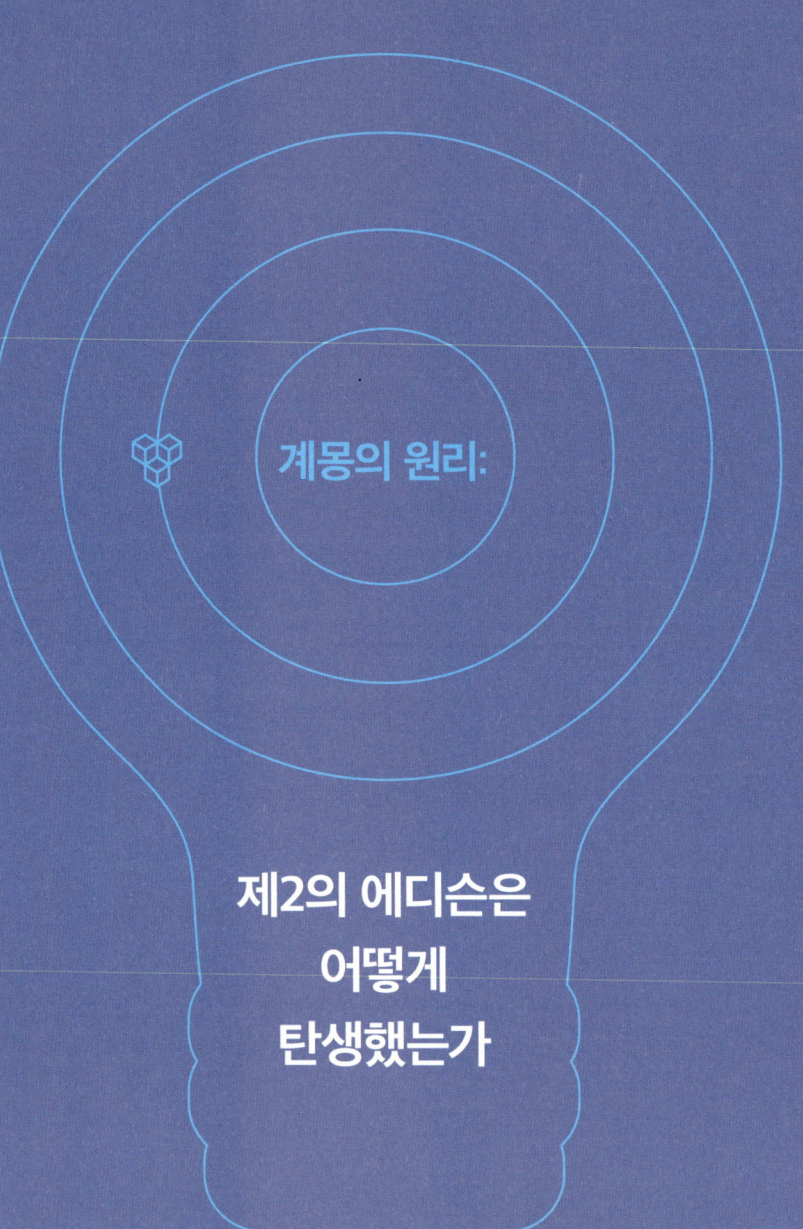

계몽의 원리:

제2의 에디슨은
어떻게
탄생했는가

에디슨은 천재이지만, 바보이기도 했다.
바보가 천재가 되는 역설, 여기에 바로 계몽의 원리가 있다.
자신이 천재라는 것을 깨우치는 것,
이것이 평범한 우리가 오늘 당장 해야 할 일이다.

이장헌의
인생관, 철학관,
사업관

운명을 바꾸는 복있는 사람이란, 깨어 있으므로(혼탁한 자는 안 됨), 순식간에 천둥치는 소리를 듣는다. 그리고 결코 번복하지 않는 빛의 결단을 행한다.

돈을 쫓지 말고 사람을 쫓으라

나의 사랑하는 나라, 해외진출의 발판이 되어준 두바이 현지에 설립한 투자 전문회사의 내 사무실에 걸려 있는 액자 속의 문구이다. 세계 금융의 최고봉이고 수많은 금융회사와 내로라 하는 거부 투자자들이 즐비한 두바이에 이런 글귀가 걸려 있다는 것이 놀랍지 않은가. 의외이지 않은가.

우리는 사람을 보고 쉽게 그 사람의 진심을 알 수 없다. 그래서 사람을 평가할 때 주로 그가 가진 것, 배운 것을 기준 삼는다. 자본주의 경제 사회에서는 얼마나 많은 자본, 돈을 소유했느냐가 그 사람을 나타내준다.

돈이 돈을 벌어다주는 세상이다. 많이 가진 자는 더 많이 갖고, 적게 가진 자는 현재 가진 것도 지키기가 어렵다. 투자의 세계 역시 가능성에 내 돈을 걸고 더 큰 돈으로 되돌려 받는 것이다. 모든 것이 돈. 돈. 돈. 돈은 좋다. 사람을 편리하게 하고, 원하는 것을 가지게 해주며, 기쁘게 만든다. 돈의 능력이다.

두바이 우리 회사에 걸려 있는 저 문구. 요즘 세태와는 어울리지 않는 얘기다. 세계에서 가장 돈이 많은 사람들이 모인 장소에 저런 게 걸려 있다니. 진짜 부자는 돈만을 쫓는 황금만능주의의 사람이 아니라는 것.

사람이 먼저이지 돈이 먼저가 아니라는 이 지극히 단순한 진리와 이치를 우리는 잊지 말았으면 한다.

내가 인류에 이바지하고자 개발자가 되었다고 한 것과 성공해서 꿈을 가진 젊은이들을 도울거라는 것은 저 액자의 글귀와 같은 뜻이다.

나는 대한민국에서 직장인으로, 개발자로, 사업가로 살아오면서 사람을 쉽게 믿으면 안되겠구나하는 생각을 많이 했다. 순수한 마음으로 쉽게 사람을 믿으면 다치기 쉽다. 돈도 잃고, 마음에 상처도 받

계몽의 원리

ESSCOM 한국 사무실에서

고, 누구 하나 내 억울함을 알아주지도 않고. 내가 살아보니 그렇더라는 말이다.

나의 인생철학은 먹는 것, 입는 것, 타는 것, 잠자는 곳은 싸구려로 해도 되지만, 내가 가진 돈이 없어도 내가 상대하는 사람만큼은 싸구려가 아닌 품격 있는 사람이어야 한다는 거다. 품격 있는 사람과 사귀려면 어떻게 해야 할까. 내가 품격 있는 사람이면 된다. 그러면 내 호주머니에 돈이 없어도 그런 수준의 사람들과 함께 지낼 수 있다. 그러므로 돈이 아닌 사람을 쫓으려면 사람으로서의 품격을 지녀야 한다.

■ 싸구려 조심하기

먹는 것, 입는 것, 타는 것 모두 싸구려도 괜찮다. 그러나 싸구려 사람은 안된다.

- 싸구려 사람이란?

의리, 지조와는 담쌓고 사는 종자를 일컫고 싶다.

가재미 고기먹고 다니면서, 주머니 속에는 항상 저울, 계산기, 주판을 가지고 다니는 사람.

내가 어렸을 때 삼국지를 참 재미있게 읽었다. 삼국지에 나오는 조조를 보면, 한번은 그가 전쟁에서 패하고 적에게 쫓겨 도망가던 중에 위험에 처한 자신을 숨겨주어 생명을 살려준 사람을 죽여버렸다. 숨겨준 것은 고맙지만 나중에 위험이 될 것을 생각해서 죽여버리는 것이다. 그는 이런 짓을 꽤 자주 아무렇지도 않게 행했다.

조조는 항상 자신의 이익이 우선이었던 것이다. 당시에 조조가 유명한 말을 한마디 남겼는데, "세상이 나를 버리거나 평가하는 것은 용납하지 않겠다"라는 말이다. 이 얼마나 오만방자하고 교만한 말인가. 그는 하늘보다 위에 존재하려고 했다.

그는 끝까지 살아남기 위해서 황제의 칙서까지 위조하여 동탁을 제거하려고 하는 무서운 계략도 서슴없이 실행했던 사람이다. 그는 뛰어난 전략가로도 불렸지만, 그의 전략들은 하나같이 잔인하고 자신을 위한 것들이었다.

만약 조조가 지금을 살고 있는 사업가라면 아주 못 된 사기꾼일 것이다. 사기와 전략을 구분하는 방법이 무엇일까. 우리를 위한 마음이 담겼으면 전략이고, 나만을 위하는 것이면 사기이다.

"내가 왕년에는 말이지"를 노래 부르듯 하는 사람은 멀리하는 게 좋다. 요즘 젊은이들은 저 말을 "라떼는 말이야"라고 한다는데. 현대판으로 재미있게 바뀌었나 보다. 여하튼 같은 의미다. 저런 말을 입에 달고 있는 사람은 과거에 살고 있는 사람이다.

그리고 현재 행복하지 않은 사람이다. 사람은 언제나 현재 진행형으로 살아야 한다. 지금도 곧 과거가 된다. 그 시간을 붙잡을 필요 없다. 과거는 나에게 아무 것도 가져다 주지 못한다. 바로 지금 내가 어떠한지가 중요할 뿐이다.

인생은 경험들의 모음집이다. 무엇이든 해볼 수 있고, 하다가 아니면 다른 것을 하면 된다. 다양한 경험은 나이가 들어가면서 귀한 자산으로 남는다. 좋은 경험이 졸업장이나 이력서에 학력사항 한 칸을 더 채우는 것보다 낫다. 경험이 중요한 또 다른 이유는, 많은 경험을 한 사람이 사람을 제대로 볼 줄 안다. 이것만큼 인생살이에서 강력한 무기는 없다.

오래된 앨범 속의 빛바랜 흑백사진처럼 그 옛날 종로에서 우연히 들른 철학관 선생이 내게 하셨던 말씀이 지금도 귓전에 생생하다. 내가 큰일을 할 사람이라는 말을 그때는 흘려 들었는데 어쩌면 그 선생은 오늘날 나의 큰 성공을 미리 본 듯이 예견한 것인지도 모르겠다.

나의 성공이 나의 노력으로 이룬 것이라고 해도 나는 종로 철학관 선생님에게 감사를 전하고 싶다. 왜냐하면 내가 어렵고 힘들때마다 나는 선생의 말씀을 가슴 속에 품고 있는 수첩의 메모를 꺼내 보는 것처럼 기억하곤 했다. 나에게 힘이 되고 응원이 되었다.

사람은 누구나 성공하기를 원한다. 그러나 성공은 원한다고만 되는게 아니다. 내가 열심히 노력해도 원하는 성공이 불가능할 때도

있다. 요즘의 코로나19 사태 같은 경우가 대표적이다. 이런 것은 인간의 능력치를 벗어나는 사건이다

머리 좋다고, 능력 있다고, 돈 많다고 해결할 수 있는게 아니다. 지금은 성공이 참 어려운 시대다. 그렇다고 해서 아무런 노력도 하지 말라는 뜻은 아니다. 어려운 시절이니 지혜로운 도전이 더욱 필요한 때이다.

성공에는 사실 운도 좀 따라줘야 한다. 나도 지나온 일들을 가만히 생각해보면 운 좋아서 된 일이 정말 많다. 대표적인게 내가 근무했던 H중공업 사람들을 내가 계약하려는 업체에서 만나 그들의 도움으로 일이 풀린 것이다. 이런 일이 한 두 번이 아니다. 운은 사람의 노력으로 되는게 아니다. 이건 나의 개인적 생각인데 운이 좋고 많으려면 착하게 살아야 한다. 오늘부터 착하게 살아보자.

우리가 인생을 살다보면 행동이 직관과 영감보다 빠를 때가 있다. 이것은 순간적인 판단으로 몸의 반사신경이 반응하는 것이다. 과

거 내가 공공기관에 근무했던 시절의 일이다. 상급 관서에서 내려온 공문을 담당자인 내가 귀찮아서 묵살하고 실행하지 않은 적이 있다. 지금 생각하면 내가 왜 그랬는지 모르겠다. 여하튼 이 일로 내가 속한 부서의 부장이 나더러 당장 사표 쓰라고 했다. 장난이 아니었다. 까딱하다가는 진짜로 목이 달아나게 생겼었다.

당시는 서슬 퍼런 5공 시대였기 때문에 공무원, 공공기관 등에 군기가 바짝 올라 있을 때라서 다른 방법이 없었다. 나는 부장이 회의에 들어간 사이에 용평 리조트 진단 목적의 출장부를 작성해두고 일주일간 훌쩍 여행을 떠났다. 그때는 일단 부장과 떨어져 있어야겠다는 생각 뿐이었다. 그 외에 다른 생각은 없었다. 그리고 나는 즉시 실행에 옮겼다.

다녀와보니 사표 쓰라던 부장은 나더러 알아서 마무리하라고 했고, 국장님은 나를 불러서 잘했다고 오히려 칭찬을 했던 일화가 있다. 그 때의 나는 촉수가 움직이듯이 빠른 판단과 감각으로 일했던 시절인 것 같다.

나는 매사에 빠른 것을 좋아한다. 빠르되 빛의 속도만큼 빨라야 한다. 다소 과장된 표현이긴 하지만 그만큼 중요하다는 강조의 의미다. 빛의 속도만큼 빠른 판단, 결정, 행동을 하려면 늘 깨어 있어야 한다. 잠잘 때를 제외하고 내 이성의 안테나를 수신률 100%로 항상 준비시켜 놓아야 한다. 내가 빠른 속도, 빛의 속도를 좋아하는 이유는 빠른 것이 성공과 가까워지기 때문이다.

과거 어느 때인가 한번은 H전자를 들러서 고속도로를 타고 회사로 복귀하는 길이었다. 업무차 조금 알고 지내던 서울시 공무원으로부터 연락 와서 저녁에 만날 수 있냐고 물었다. 개인적으로 만난 적이 없던 사이라 의아했다. 너무 갑작스러운 연락이었다. 그래서 "오늘은 내가 저녁에 스케줄이 있는데 꼭 오늘 만나야하느냐 아니면 내일 만나도 되느냐" 물었더니 오늘 꼭 만나자는 거다. 뭔지 모르지만 내가 꼭 필요한 일인가보다 싶었다.

그래서 집 근처에서 만나 소주 한잔하며 대화를 나눴는데, 그가 펑펑 울면서 하는 말이 오늘 아내가 병원에서 위암 진단을 받았단다. 아내가 잘못될 경우 애 둘을 데리고 살아갈 생각을 하니 너무나 팍팍하다고. 속상해서 누군가에게 털어놓고 하소연이라도 하고 싶은데 다들 왜 만나자고 하느냐며 이유부터 물었는데, 이장헌 대표는 아무것도 묻지 않고 만나주더라는 거다.

여기서 나의 첫 번째 원칙이 나온다. 나는 왜냐고 묻지 않는다. 물론 누구에게나 그런 것은 아니고 내가 아끼고 사랑하는 사람에게만. 소중한 사람에게 왜냐고 물으면 묻는 그 시간만큼 서로 멀어지는 거다.

알사탕 같은 존재가 되자

나는 '알사탕론' 창시자다. 알사탕은 달아서 입에 넣고 있기 좋지만 씹으려면 이가 부러질 수도 있다. 달달하니 쉽게 뱉을 수도 없다. 그래서 계속 입안에서 굴리면서 천천히 빨아 먹는다.

매년 새해가 돌아올 때마다 잊지 않고 노트에 쓰는 나의 철학과 신념이 있다. 첫째, 시간이 없다하지 않겠다. 둘째, 돈이 없다하지 않겠다. 왜냐하면 시간과 돈은 내가 만들기 나름이기 때문이다. 사람마다 차이는 있겠지만 시간과 돈은 내 마음대로 조절이 가능하다. 나의 의지와 마음이 있으면 시간과 돈을 나를 위해서도, 남을 위해서도 사용할 수 있다.

많은 시간과 큰 돈을 들이지 않더라도 소중한 사람과 따뜻한 밥 한끼 함께 하는 것, 어렵고 힘들게 사는 사람에게 보이지 않는 손으로 도와주는 것은 소중하고 가치 있는 일이다.

내가 제일 싫어하는 사람의 유형이 착하고 우매한 사람이다. 무슨 말이냐하면 가진 것이 없으니 청렴결백하다고 자랑스러워하는 사람. 이건 정말 웃기는 거다. 내가 능력을 갖추고 남에게 밥도 한끼 사주고 그래야 사람들이 나를 찾는다.

관공서에 드나들던 시절 만난 공무원 한 사람이 있었다. 30년 넘

두바이 사무실에서

게 공직에 있으면서 밥 한 끼도 접대받은 것이 없다며 자부심 있게 말하는 사람이었다. 얼핏 보면 굉장히 자신감 있어 보이는 사람이다. 그런데 알고 보니 이 사람은 접대를 안 받은 것이 아니라 능력이 없어 누구에게도 대접받지 못하는 것이었다.

청렴결백하다고 하면 무능력을 포장하는 것일 때가 많다. 기왕이면 어느 정도 능력도 있는데 청렴결백할 수는 없는 건가. 돈이 있다고, 부자라고 꼭 나쁜 건 아니다.

자기가 청렴결백한 것으로 무능력을 포장하는 사람들, 이런 사람들의 인식은 바뀌어야 한다.

착하고 우매한 사람이 다른 사람을 어렵게 만들 때도 있다. 그래서 나는 적당히, 과하지 않게 돈도 있고, 때도 좀 묻은 사람이 같이 지내기에 더 낫다고 생각한다. 때가 묻었다는 것은 나쁜 짓을 했다는 뜻이 아니다.

그리고 착하다는 말을 듣는 사람들 중에 일부는 가끔 돌변을 한다는 것이다. 예측불가다. 그래서 나는 사람이 너무 착하기만 한 것보다는 조금 싸가지가 없어 보이지만 이치에 맞게 행동하는 사람이 낫다고 본다.

내가 책을 쓰는 이유

일본에서 특파원 활동을 하는 모 기자가 있다. 한국과 일본을 오가면서 여러 기사거리들을 취재하고 신문기사화 하는 것에 열심인데 이 사람이 시집, 동화, 역사, 지구촌 소식 등 다방면으로 관심이 많은 작가이기도 하다. 시간을 낭비하면 인생에 남는 것이 없다는 부지런한 사람이다.

이 기자가 한국에 들어왔을 때 한 번은 나를 만나 얘기를 나누면서 그간 내가 이뤄낸 것들을 보고는 내게 말했다. "회장님, 회장님의 인생과 성공을 담은 책을 한 권 내십시오. 그런데 그냥 단편적으로 말고 웅장하고도 대서사시적인 분위기로 쓰면 참 좋겠습니다. 회장님이 그동안 고생하시고 이루어낸 큰 사건들은 이런 식으로 표현을 해야 한다고 생각합니다."라고 말하는 것이다.

내 얘기에 감동을 하고 그것을 다른 사람들도 알았으면 좋겠다는 말을 해 주니 기분 좋았다. 내가 지금에 이르기까지 어떤 일을 겪고, 어떤 생각을 했고, 어떻게 버티고, 어떻게 극복해냈는지 가감 없이 드러내고자 하는 것이다. 그것이 누구에게나 통하는 만능열쇠이니 따라서 배우라는 뜻이 아니다. 그런 건 없다. 다만 앞서 살아본 사람의 경험담은 용기와 모험심을 주고 또 다른 힘을 발생시키는 마법이 있다. 바로 그것을 얻으라는 것이다. 그건 혼자 생성할 수 없는 인생의 비타민 D다.

나의 이야기가 젊은이들에게 희망과 도전정신을 가지고 성공을 향해 질주할 수 있는 좋은 땔감이 되기를 바란다.

계약을 위해 대기중이다

월드와이드
파워브랜드 -
ESSCOM

독창적인 아이디어, 기술, 브랜드로 ESSCOM의 세계화와 신기술로 국가와 인류를 이롭게.

신속민첩, 빛의사명을 이루는 것이다. 모든 감사와 영광을 주님께 바칩니다.

새로운 아이템, 새로운 브랜드, 새로운 기술로 인정받고 내수 시장을 넘어서 세계 시장으로 진출하는 것은 사업가로서 신나고 가슴 벅찬 일이다. 하지만 이는 자본금이 부족한 개인이 홀로 이루어내기는 대단히 어려운 일이다.

나는 국내에서 성공들을 거두면서 해외 진출을 위한 사업 확장을 모색하다가 이상한 사람들에게 잘못 걸려서 된통 고생한 적이 있다. 그만큼 한국에서 혼자 사업을 한다는 건 위험하고도 어려운 일이다.

내가 사업을 하면서 가장 중요하다고 여긴 것이 두 가지가 있다. 바로 올바른 투자자와 투자금이다.

규모가 큰 회사라도 자금줄이 끊기면 넘어지는건 한순간이고, 개인이 혼자 운영하는 업체여도 넉넉한 투자금을 지원하는 투자자들이 버티고 있으면 승승장구할 수 있다. 사업은 자본이 있느냐 없느냐에 따라 전혀 다른 미래가 열린다.

나는 국내에서 신기술로 지정받고, 특허를 취득하고, 국내 실적을 내는 등 사전 준비를 마치고 해외 시장으로 진입했다. 나의 발명품은 전기 에너지 분야로 국내사업에만 국한되는 영역이 아니라 넓은 해외 시장도 제격이다. 해외 시장 진출 후 얼마 지나지 않아 세기적인 계약을 이루어냈다. 나는 좋은 투자자를 두바이에서 만나게 되었다.

설령 나의 아이템이나 기술이 좋아도 그것을 계속 보유하고 유지할 체력이 되어야 하지 않을까. 기술을 개발 업그레이드 해야 하고, 보유하고 유지하는 힘 역시 자금력이 가장 강하다고 볼 수 있다.

대기업의 힘은 막강하다. 그들은 우수한 인재들을 많이 보유하고 있고, 넘사벽의 자본력으로 밀어붙인다. 혹시라도 대기업에 잘 못 노출되면 힘들게 만들어낸 것을 빼앗길 수도 있지 않은가.

한번은 이런 일도 있었다. 우리 회사에 ESS라는 상표가 있었고, ESSCOM이라고해서 같이 신문 지면광고를 냈다. 얼마 안 있어서 대기업에서 연락이 왔다. 그들의 주장인즉, 자사 보안회사 이름과 발음도 그렇고 여러모로 비슷하다는 거다. 그야말로 황당한 주장이었다.

어이가 없었다. 스펠링도 완전히 다르고 분야도 다른데 처음엔 무슨 소리냐고 했다. 그래도 그들은 끝까지 나를 도둑놈 취급하면서 압박을 가해왔다. 생각할수록 어이없는 일이었다. 그때 다행히 마침 전부터 알고 지내던 방송국 기자 출신의 사람이 이 소식을 듣고 적극적으로 나서서 도와주어 별 탈 없이 넘어간 적이 있다.

하물며 특허나 인증은 지식재산권 영역이기 때문에 개발 완료 후 3~4년 내에 빠른 상품화로 결과를 내지 못하면 사장되어 버리거나 대기업 같은데서 냉큼 집어 삼킨다. 특히 우수한 신기술로 국내에서 섣불리 판을 벌렸다가는 어김없이 그들의 타겟이 된다. 그러면 빼앗기는 건 시간 문제다.

나는 힘이 약한 개인이었지만 다행히도 기술 행정과 법률도 경험했고, 공공기관과 전문기관에서 근무하면서 연관된 업무를 많이 겪어보면서 자연스럽게 다방면으로 준비가 되어 있었던 것이다.

개발자는 결국 사업자로 변신하게 된다. 기술, 아이템 연구와 개발로 온 힘을 다한 후에는 브랜드를 만들어야 하는 과제가 기다리고 있다. 사업을 하면 브랜드가 정말 중요하다. 언제나 그 시대를 대변하는 브랜드들이 탄생되어 왔다. 그리고 그 브랜드들은 사람들의 삶 속에서 '라이프 브랜드'로 자리매김한다.

나는 ESS라는 이름을 30년 전에 생각했는데 미리 준비하기를 잘했다고 생각한다. 나는 일찍이 엄청나게 예지적이었다. ESS를 이미 30년 전에 중국에서 상표등록을 하고, 이어서 일본과 한국에도 차례로 상표등록해 놓았다. 나는 ESS를 반드시 세계적인 파워 브랜드로 만들겠다. 이것은 나와의 약속이다. 그리고 지금도 내 갈 길을 꾸준히 가고 있다.

나는 ESS를 세계적인 브랜드화하기 위해 전 세계 모든 건물에 우리 ESSCOM의 제품을 설치하겠다는 목표를 세웠다. 이날을 시작으로 남미에서 100만 대 판매 계약을 한 것이다. 이 계약만으로도 나는 대한민국 전기 역사의 한 페이지를 썼다고 생각한다. 하지만 나는 여기서 멈추지 않고 앞으로 계속 나아갈 것이다.

자율주행 전기차로 유명한 미국의 테슬라를 알 것이다. 테슬라의 대표이자 개발자인 일론 머스크. 그가 테슬라를 성공시켜서 그의 기업 가치는 현재 1천조를 넘는다. 이런 기업이 하나쯤 있으면 웬만한 한 개의 국가를 먹여 살릴 수 있다. 기업의 힘이 국가보다 더 크다는거다. 이게 가능하다는 거다.

테슬라 자동차의 원조가 무엇인지 아는가? 내 생각에 우리나라 야쿠르트 아줌마의 전동카다. 지극히 내 개인적인 생각이지만 진짜 그럴 것 같지 않은가?

현재 ESSCOM은 꿈을 하나씩 현실로 바꿔 놓고 있다. 이미 성공은 시작되었고 더 큰 성공들을 향해서 나아가고 있는 중이다. 그래서 우리는 성급하지 않을 것이다. 느려도 된다. 천천히 가도 좋다. 그러나 매우 신중하게!

나는 태어나서 전기 분야 외에 다른 분야의 일을 해본 적이 없다. 전기 에너지 공학은 나의 전공이고 나의 분신이다. 오랜 시간을 전기 분야에 바치다 보니 전기 에너지가 가장 소중하다는 것을 알았다. 물은 하루 쯤 안 마셔도 살 수 있다. 밥도 며칠 안 먹어도 괜찮다. 그러나 전기는 하루가 아닌 단 몇 분 동안 만이라도 정전되면 불편함은 물론이고 대혼란이 일어날 것이다.

공장이 멈추고, 방송국도 정지되고, 신호등이 없으니 자동차도 제대로 다닐 수가 없다. 이렇듯이 전기가 없으면 국가·사회적으로 재앙이 될 것이다. 단 몇 개의 예만 들었는데도 이렇게 어려운 점이 많이 예상된다.

현대 사회에서 전기 에너지는 최고급 에너지이자 최후의 에너지이다. 앞으로는 국가 간에 에너지 쟁탈 전쟁이 벌어질 것이다. 그러므로 전기 효율화는 인류 평화에 기여하는 것이 된다.

에너지 기술은 눈에 보이지 않는다. 전기 에너지의 원리는 수학으로 정리되어 있다. 전기 에너지의 효율성이 참이라면 수학의 미적분으로 정리해야만 입증했다고 할 수 있다. 수학적 입증이 결코 쉬운 것은 아니지만, 하나의 신기술을 탄생시키려면 반드시 이론적 객관화 작업을 거쳐야 한다. 입증이 되어야 특허 취득이 가능하다.

수학적 입증과 특허 앞에서는 누구도 더 이상 이견을 제시할 수 없다. 독점적이고 배타적인 권리를 인정받는다. 입증과 특허 제도가 없었더라면 개발의 세계는 상상할 수도 없다.

나는 신기술을 개발하여 인증 받고 특허도 취득해서 결국 성공한 개발자가 되었다. 신기술 개발에 성공하려면 개발 지식 외에도 기술의 장벽, 법의 장벽, 시장의 장벽을 극복해야 한다. 행정처리 능력도 있어야 하고 기술관련법, 사업관련법 등 관련 법령을 잘 볼 줄 알면 더 좋음은 말할 것도 없다.

202

에디슨 봉이 김선달, 두바이에 상륙하다

ESSCOM 홍보관에서 기자회견을 하는 중

204

에디슨 봉이 김선달, 두바이에 상륙하다

ESSCOM STORY

힘난한 파도가 흉용하는 세상에 지상에서 어떤 것과도 비교할 수 없는 가장 멋진 승리주신 주님. 기적의 사람으로 세워주신 주님. 모든 감사와 영광을 바칩니다.

This is my life

나는 지난 1994년도에 ESSCOM으로 창업했다. 초기에는 개발, 실험, 연구, 영업 등을 혼자서 다 했다. 그러다 보니 개발과 연구 업무에 집중할 수 없는 어려움이 느껴지기 시작했다. 그렇다고 직원을 채용할 형편도 아니고.

어쩔까 고민하다가 대학, 연구소 등의 담당 교수, 박사들과 신기술 연구 협업의 형태로 만들어 작업을 진행시켜봤다. 여러 사람들이 함께 연구하고 나는 오케스트라의 지휘자 같은 입장에서 연구를 이끌었다.

전기 에너지 분야는 기술적 성장과 변화가 잦다. 그러다보니 개발자는 꾸준한 공부와 연구가 필수이다. 제품 기술을 업그레이드할 때마다 새로운 연구진과 기술자를 찾아야하는데 사람을 구하기가 꽤 어렵다. 기술진을 제대로 구성하려면 결국 높은 급여가 관건이다. 기술 개발에도 돈, 기술자 구하기도 돈, 이것이 거스를 수 없는 현실이다. 결국 내가 뼈저리게 느낀 사실이 있다. 돈을 벌려면 돈이 있어야 한다는 것이다.

오늘 날의 ESSCOM이 있기까지에는 겨울에는 추운 연구실에서 밤을 꼬박 새우며 연구와 실험을 반복하고 새벽에 함께 뜨거운 라면 국물로 몸과 마음을 위로한 인내의 시간이 모여서 이루어진 것이다.

새로운 기술을 개발하는 것도 힘든 일이지만 그것을 제품화하여 세상에 선보이는 것도 녹록치 않은 일이다. 왜냐하면 이미 나와 유사한 기술로 만든 제품이 시장에 깔려 있다면 나는 선보이자마자 그들의 공격을 받기 시작할 거다.

그들의 입장에서는 밥그릇을 빼앗길 위기이기 때문에 내가 훨씬 좋은 것을 만들었어도 기존 제품들을 제압하고 시장을 정리하는 데에는 상당한 시간이 걸릴 수 있다. 이럴 때 많은 경험이 있고 다양한 인맥을 가지고 있다면 전략적으로 유리하다. 상황을 쉽고 빠르게 다스릴 수 있으므로 말이다.

나는 수많은 과정을 거치고, 죽을 만큼 고생해서 이제야 세계적으로 인정을 받고 남들이 부러워하는 어마어마한 계약에도 성공했다. 그런데 만약 나더러 지금 이룬 성공의 열배를 줄 테니 과거로 돌아가서 앞선 과정을 처음부터 다시 하라고 한다면 하지 않을 것이다. 백배를 준다고 해도 안한다.

　너무나도 힘들었기 때문이다. 기억하고 싶지 않은 일들도 많았다. 눈물 나는 시간도 많았다. 내가 여기까지 올 수 있었던 것은 사명감 그리고 인류에게 큰 도움이 되고자 하는 처음 나 스스로에게 했던 약속과 신념이 내 안에 있었기 때문이다. 만약 돈을 목적으로 했다면 아마 나는 중간에 포기했을 것이다.

　세기적인 계약을 할 때도 그 과정에서 많은 사건들이 일어난다. 우리는 파키스탄 프로젝트 기술 검증 단계에서 그들과 엄청 많이 다투었다. 파키스탄의 기술팀은 자부심이 하늘을 찔렀다. 그들은 전부 영국 캠브리지, 옥스퍼드 출신 박사 이다. 그리고 핵 보유국이라는 자부심이 개개인에게도 있어서 우리 기술에 대한 의구심이 많았다. 그들의 전문지식을 뛰어 넘는 발명에 대해 인정하지 못하고 흠을 잡고 싶은 것으로 추측 되었다. 우리팀은 ESSCOM 기술에 대해 설명하며 질문에 답하며 오랜 시간 설전을 벌였다. 결국에는 이론적으로 그들을 납득시켰고, 성능 테스트의 검증을 할 수 있게 되었다..

파키스탄 현지에서 우리와 파키스탄 기술진이 함께 진행한 ESSCOM 제품의 기술·성능 테스트에서 높은 점수의 성적서를 받았다. 최종적으로 그들은 우리 제품의 우수성을 인정했고 파키스탄 프로젝트가 좋은 방향으로 진행 될것으로 기대되어 진다.

군에 입대할 때 남들과 다른 해병대나 특수부대를 지원해서 가면 훨씬 고생스럽고 어렵다. 하지만 그 혹독한 과정을 거치고 나면 그 뿌듯함과 넘치는 성취감은 이루 말할 수 없는 것이다. 제대할 때쯤이면 일반병으로 지원하지 않은 것을 너무나 다행으로 여기는 당당한 군인으로 성장해 있는 것이다.

두바이에서 성취된 중동 오일 머니 계약, 이를 계기로 ESSCOM

파키스탄 PCSIR 테스트 결과를 받았다

은 앞으로 비약적인 발전으로 웅대한 승천을 하게 될 것이라는 확신이 있다. 우리 제품이 전 세계 수십억의 가정에 보급되면, 인터넷 시대에 걸맞게 제품 제어 어플을 개발하여 보급하겠다는 야심찬 계획도 갖고 있다.

그 이후 세계 각국의 기업들이 광고를 의뢰하도록 만들 것이다. 이 계획이 성사되면 상상을 초월하는 수익이 쏟아지게 될 것이다. 머지않아 세계 부자 순위가 뒤엎어질지도 모른다.

전기 에너지의 미래는 밝고 발전 가능성은 무궁무진하다. 기존의 수력, 풍력, 화력 발전과 석탄, 가스, 태양광 발전 그리고 원자력, 우라늄 등은 자원의 한계와 비효율성의 문제로 하나씩 퇴장하고 있다. 결국 미래 에너지는 전기 에너지가 주인공이 될 것이다. 따라서 전기의 안전과 효율성을 높이고 정전, 화재 등의 위험 요소를 감소시키는 기술은 각광받을 수밖에 없다.

앞으로 시간이 갈수록 전 세계 에너지 시장은 엄청난 진검 승부 게임이 될 것이다. 그만큼 먹을거리가 많다. 그 중에서도 전기 에너지는 최강자로 등극할 거다. 전기 에너지를 지배하는 자가 미래를 지배하게 될 것이다.

에너지 분야도 이제 브랜드와 스토리의 시대다. 특허와 함께 앞으로 반드시 갖춰야할 것이 브랜드다. 코카콜라가 탄산음료를 대표하고, 삼성과 LG는 각자의 주력 가전분야를 대표하는 이름이 되었다. 그와 같이 전기 에너지도 브랜드화 된다면 경제적 가치와 경쟁력이 한층 높아질 거다.

좋은 기술력과 자본력은 필수이고 가장 중요하다. 그런데 브랜드화가 함께 이뤄지지 않으면 떡집에 절구통만 있고 절구는 없는 것과 같은 꼴이다. 고유명사의 보통명사화가 최고로 성공적인 케이스인데 거기까지 가는 게 간단한 일은 아니다.

어쨌든 사람들의 입에 많이 오르내리면 코카콜라와 같은 글로벌 브랜드화도 욕심 내볼만 하다. 그게 성공하면 기술적 가치 이상의 경제적 가치를 창출하게 될 것이다. 항구적으로 마르지 않는 샘물을 만드는 것도 이제 더 이상 꿈이 아닌 것 같다.

큰 계약이 잇따라 성사되니까 요즘 주변에서 이런 우려를 한다. ESSCOM이 잘 되는 걸 보고 ESSCOM의 기술을 타기업이 모방하거나 베껴가면 어떻게 하느냐고. 결론적으로 말하면 그것은 불가능할 것이다.

우리 기술은 특허와도 결합되어 있어서 보호 받을 뿐만 아니라 소프트웨어와 하드웨어 모두 계속 업데이트, 업그레이드가 되고 있다. 베낄 수 있다고 해도 금방 구식이 되버린다. 최신을 유지하려면 우리와 속도를 같이해야하는데 그게 어떻게 가능하겠는가.

게다가 정기적인 테스트 데이터와 국·내외 설치 현장의 실제 데이터가 축적되어진 복합적인 구조여서 타업체가 모방하거나 따라올 수 있는 가능성이 없다. 한세대 이상을 앞지른 기술이며 독보적인것이다. 하루아침에 하늘에서 뚝 떨어진 결과물이 아니다.

두바이 투자그룹 부회장 댁에 초대받아 식사를 하고있다

창조경제의 핵심은 기술과 아이디어에 있다. 지금까지는 단순하게 제품을 판매한다는 개념이었지만 앞으로는 제품 판매가 주가 아닌 기술과 아이디어 판매로 옮겨가게 될 것이다. 이것은 ESSCOM의 기술 개발에 고스란히 녹아들어가 있다.

우리는 마침내 알렉산더 대왕과 징키스칸도 가보지 못한 대륙 아시아, 아랍, 남미, 북미 대륙에 닻을 내렸습니다.
거룩하신 주님. 모든 감사와 영광을 주님께 바칩니다.
1997년 7월 나는 기도했습니다.
신기술을 받기 위해 대전에 있는 고등기술연구소에 오가며 길이 막힌 고속도로에서 혼자 운전하면서 하나님께 서원했습니다.
"신기술만 따게 해주시면 모든 감사와 영광을 주님께 바치겠습니다"
나에게 정부전력신기술 제1호 획득의 승리를 주시고 마침내, 21세기에 세계적인 그 꿈을 이루게 하시었습니다. MOU가 아닌 세계적 G to B(정부 대 기업)의 위대한 계약성공. 인류 역사상 최고의 값진 승리를 주시었습니다.
에디슨도 이룰 수 없는 꿈이었습니다. 지금껏 개발 발명가가 회사를 직접 설립해서 그 신기술로 단번에 시작부터 이런 천문학적 계약에까지 이룬 사례가 없었습니다.

　우리 모든 ESSCOM호 Family 여러분과 나는 어쩔 수 없이 등 떠밀려 애국자가 되었습니다.

　서남아시아, 아랍, 남미는 지정학적, 문화적으로도 국가는 물론 개인이 감히 깊이 근접할 수 없는 땅입니다. 미지의 무한 가능성의 인구와 자원을 가진 나라 남미 대륙과 이슬람의 세계에 입성했습니다. 지금 세계는 코로나로 국가 간 이동과 대부분의 항공노선이 정지되어 있습니다. 해당 국가의 특별비자 승인이 있어야 이동, 출입이 가능하며 PCR 테스트 결과 72시간 이내의 음성자여야 하며, 각국 공항, 국경은 철통 방역경비를 하고 있습니다.

　다니다 만약 코로나 양성자가 되면 즉시 요덕수용소 행.

　이곳은 어제부터 코로나 백신 미접종자는 일체 출입 통제로 코로나의 세계적 쓰나미의 현장을 직접 겪습니다. 시시각각 변하는 위기의 파도를 피부로 느낄 수 있습니다. 일상이, 먹는 것이, 이동이, 숨 쉬는 것이 잠시 멈춘 세상입니다. 하나님은 일찍이 남 딸수 없는 수많은 열매를 따게 하시는 꿈, 계시를 주시었습니다. 남이 알 수 없고, 볼 수 없는 것을, 깨닫고 볼 수 있는 축복의 눈을 가지시기를 축원합니다. 아멘.

ESS 신기술

세계 각국은 한정된 에너지원의 고갈과 에너지사용에 따른 지구 온난화 문제를 한시도 소홀히 할 수 없는 위기에 직면에 있다.

우리의 ESSCOM은 우리나라 전력신기술 인증 1호로써 독자적인 뉴소프트 스위칭(New Soft Switching) 기술과 프로그램을 응용해서 개발되었다. 원리는 전력을 저장해두었다가 필요할 때 사용하는 기존의 에너지 저장장치(Energy Storage System)와는 달리 소프트 스위칭(Soft Switching) 기술을 이용해서 전기에너지 품질을 높이고 효율을 향상시키는 시스템이다.

ESS 시스템은 전력 사용에 따른 가장 큰 부산물인 역율저하, 서지와 고조파 발생 및 노이즈를 극소화하거나 제거함으로써 최적의 상태에서 무리와 손실이 없도록 하고, 전기 수용가 기기를 보호하며, 감전, 화재 등 전기재해를 사전에 차단하는 한편 궁극적으로 효율저하 요인을 근원적으로 제거하여 차원 높은 전기에너지의 절약을 실현하는 것이다.

생활수준이 높아지면서 무조건 전기 절약을 강요하던 건 옛말이다. 정부가 국민들의 자발적인 희생을 강요하기 보다는 숨어 있는 좋은 기술들을 적극적으로 발굴해서 체계적인 방법으로 전기가 절약되도록 해야 한다.

상용전압은 수시로 전압이 오르락 내리락하지만 항상 일정하게 220v를 유지해준다. 전기를 켜고 끌 때 가장 많이 전기를 소모하게 되는데 이를 정격 제로점에서 온·오프되게 해주면 전기를 적게 사용하게 하고 전자기기의 수명을 연장시킬 수 있다.

ESSCOM의 신기술을 적용하면 무효전력 감소로 발전소 가동비 등 국가와 지방자치단체의 예산이 대폭 줄어든다. 그리고 설치된 가정과 시설은 절전과 더불어 사용하는 전자기기의 수명이 3~4배 이상 늘어나 생활비가 크게 절약되므로 국가와 국민 모두에게 이득이 된다. ESSCOM은 20여개 알고리즘을 통해 에너지 절약환경에

ESSCOM 시스템을 세팅하여 자동 제어할 수 있도록 하는 원격제어 기술을 개발하였고 상용화를 앞두고 있다.

한국에서는 EPI(Energy Performance Index)라는 에너지절약계획서 성능지표 라는 것이 녹색건축물 조성지원법으로 제정되어 있다. 건축물의 에너지절약 설계기준이 국토교통부에 고시 되어있다.(국토교통부 고시 제 2017-881호)

에너지성능을 인정할 수 있는 시설물로 건축을 하게 되면 각각에 기준을 정하고 시설을 하게 되면 점수를 부여해서 65점이상이 되면 녹색건축물 인증을 정부에서 해주게 되고 녹색건출물인증을 받게 되면 용적률의 혜택과 세제 혜택도 받을 수 있다.

여기에 ESSCOM은 대상 시설물로 인증을 받았으며 설치시에 1점의 가점을 받을 수 있게 되어있다. 이 분야에서 ESSCOM의 경쟁상대는 아직까지 없다.

현재까지 국내에 ESSCOM 시스템이 적용된 곳은 인천국제공항, KAIST, 국방부 사천공군비행장, 한국해운항만청, 마곡열병합발전소, 국민건강보험공단, 세종정부연구소, 삼성R&D센터, SK C&C IT 센터, LG C&S 데이터센터, 송도 에이원 아파트, 세명대학교, 의정부 민자역사, 이천 설봉공원, EBS 등이며 계속 늘어나고 있다. 그 외 해외는 두바이, 파키스탄, 남미의 다수 국가 등이 정부차원에서 계약을 희망하고 있다. 동남아시아 유럽, 북미 시장도 곧 진출도 착수작업이 시작됐다.

에너지는 인류의 역사다

전기 에너지 기술 특허의 최고봉은 미국이다. 그 다음 2위가 일본. 우리나라는 순위를 말하기가 좀 애매하다. 특허 라는게 영국이 왕정시대를 거쳐서 시민혁명, 산업혁명이 일어나면서 발명기술 특허제도가 영국에서 시작된 거다. 무엇이든지 특허를 얻으면 그로부터 일정기간동안 해당 분야에 있어서 배타적이고 독보적인 권리를 철저히 보장받는다.

　영국의 광산 노동자가 기차를 만들어서 특허를 받아 엄청난 부자가 되었다는 얘기는 많이들 알고 있는 유명한 이야기다. 이렇게 영국에서 시작된 산업혁명의 물결과 특허 제도가 그대로 미국에 상륙한다. 미국 정부는 특허제도가 십분 기능을 발휘하고 정착할 수 있도록 여러 가지 노력을 했다. 그 노력의 결실로 전기와 전구를 발명한 발명의 아버지 에디슨이 탄생되었다.

　미국처럼 기능하고 움직이는 것이 이상적인 국가다. 미국이 잘 살고 발전하는 데에는 다 그만한 이유가 있는 것이다. 아무 이유 없이 세계 최강국이 된 게 아니다.

　에너지를 지배하는 국가가 세계를 지배한다. 예전에도 그랬고 지금도 그렇다. 앞으로도 그럴 것이다. 에너지가 진화되는 만큼 인류도 진화해 왔다. 그러므로 에너지는 인류의 역사와 궤를 같이 한다. 나는 지금 인류 역사의 한 복판에 서 있다. 나의 사명감과 작은 재능이 대한민국을 전기 에너지 최강국으로 우뚝 서게 하는데 일조하고 싶다.

나의 성공이 인류의 삶을 더욱 행복하고 풍요롭게 하는 것이 되었으면 한다. 나는 그것을 위해 앞으로도 멈추지 않고 달릴 것이다. 오직 끈기와 열정과 사명감으로 포기하지 않고 열심히 뛰어 인류를 이롭게 할 세계적인 프로젝트를 지속적으로 성공해 갈 것이다.

여러분과 대한민국 젊은이들의 꿈을 응원한다!

ESSCOM호의 항해

우리의 역사는 밤에 이루어집니다. 밤이 설레는 이유입니다.

우리의 태양은 24시간 365일 밤에도 지지 않기 때문입니다.

우리의 항해의 목적지는 춥지도 덥지도 않습니다.

꽃이 피어 있습니다.

바다의 해변에는 파도가 밀려오고 노래합니다.

황금의 도시…

ESSCOM호는 지금 젖과 꿀이 흐르는 곳, 하나님이 약속한 언약의 땅을 향해 항해를 하고 있습니다.

창세 이전부터 축복 가운데 세우신 당신은 선택된 사람입니다.

내가 나의 신분을 아는 것은 가장 큰 축복입니다.

아~ 나는 종, 노예의 신분이 아니었구나.

출애굽의 주인공이었구나.

내가 간직하고 있던 믿음이 어느 날 천만금의 가치가 있다는 것을 순간 깨닫게 되는 날이 올 것임을 믿습니다.

당신을 축복합니다 아멘.

두바이 엑스포에서 파키스탄 NEECA 팀과 함께

에필로그

난 가난한 농사꾼의 아들일 뿐이다. 부자의 낭만, 사치, 여유에 대해 아는바 없고, 관심도 없다. 나에게는 오직 승리하는 것이 최고의 선일뿐이다. 이것이 또한 나를 믿고 투자한 사람에 대한 선이다.

배를 만들기란 참으로 어렵다. 그것도 아름다운 배, 고기를 원하는 대로 잡을 수 있는 배.

솔직히 부모는 왜 자식을 죽도록 열심히 공부시키는가? 못 배우면 가난하고, 멸시 받고, 천대 받기 때문이다. 즉, "잘 살아라"사랑의 염원인 것이다.

가난의 굴레에서 벗어나는 길은?
철학관 선생님 말씀.
너는 다음에 10대 재벌 내에 들것이다.
단, 공부 더 하지 말 것. 그리고 철학관에 다시는 가지 말 것.

인생의 수십년이 지났다. 이 의미가 어떤 의미일까? 공부를 많이 해야 하는 것이 아닌가? 그러나 이 말씀은, 뛰면서 실전으로 배우면서 달리라는 것임을 깨달았다. 그리고 너는 너를 믿고 남을 기웃거리지 말라는 것이다. 네가 더 큰 그릇이 되므로 남을 부러워하지 말라는 뜻이다.

자기 자신의 운명에 확신을 가지고 사는 것. 이것이 가장 최상의 인생일 것이다.

빛의 사자 Power Lee

에디슨 봉이 김선달, 두바이에 상륙하다

에필로그

인생이란 누가 밥 먹여 주지 않는다.

내 밥은 내가 챙겨 먹어야한다. 내가 승자가 됐을 때 동지가 있다. 누구 눈치 보거나 체면 보거나 하지 말아야 한다. 도덕, 윤리, 남 손가락질 의식하는 사람은 아직도 배부르다. 인생은 장거리 게임이다. 1회전 60년을 거치면서 온갖 풍파, 단맛, 쓴맛, 별의별 것 다 경험해서 멋쟁이 여부가 판가름 된다. 젊었을 때 부잣집, 인류대학 출신들에 기죽을 필요 없다. 인생이란 젊었을 때 단기간에 승부 낼 일이 아니라, 일약 출세에 신경쓰지 말고 작은 수입에 연연 말고 근검의 자세로 끊임 없이 노력하고, 꾸준히 운동하여 대기만성 멋쟁이가 되는 것이 최고의 상수.

인생은 남 따라서 할 일이 아니다.

마라톤처럼 초반전 신경 쓸 일 없는데. 60넘어 진정한 게임에 승자가 되는 것이 진정한 인생이다. 그 이전에는 거의 쓸 만한 사람이 없다. 스스로를 개척하는 것이 한번 사는 인생의 멋이다. 태풍, 코로나, 예기치 않은 수많은 변수, 심지어 전쟁 등 인생은 나만 똑똑해서 되지 않기 때문이다.

인생을 넘 복잡하게 생각할 필요 없다.

사람의 숙명은 죽음이다. 하나님이 인생에게 선포하신 가장 위대하고 무서운 말씀 "너희는 죽으리라" 그러나 삶의 자세를 주시었다.

"강하고 담대하라, 세상 끝날까지 너와 함께 함이라" 그리고 죽지 않는 부활 영생의 선물을 주시었다.

태양, 별, 맑은 공기, 아름다운 꽃, 대자연, 소중한 인연, 사랑, 때로는 분노까지도, 이걸 느끼고 볼 수 있는 생명을 주시었다. 눈에 보이는 것은 아무것도 영원한 것은 없다. 잠깐 순간이다.

그러나 행복과 소중한 느낌만큼은 영원 속으로 들어간다. 순간이 영원이다. 역사의 소용돌이, 주변 환경 땜에 수많은 환란에 살았고, 왜 죽는지도 모르게 죽는 억울한 수많은 인생이 있지만, 그래도, 이세상은 안 태어 난 것보다 태어났음이 수백억 분의 1의 축복이다. 매미가 2주간 노래 부르기 위해 7년간을 땅속에서 고난을 기다렸지만, 생이 짧다고 억울하다고 하는 매미는 한 마리도 없다.

우리는 강하고 담대 합시다. 사람이 만든 무지의 룰, 틀에서 탈출합시다. 숨 쉬는 이 순간이 행운이고, 눈을 떠서 볼 수 있다는 것이 인생의 전부입니다. 이걸 알면, 나머지 모두는 아무것도 아닙니다. 부러워 할 것도 낙담 할 것도 스트레스 받을 것도 없습니다. 이러한 당신 옆에는 하나님의 수호천사가 항상 함께하고 있음을 깨닫기 바랍니다.

당신이 관속에 있다고 생각할 때

너의 부르짖음에 응답해 줄 능력 있는 사람이 있느냐? 부모, 자녀, 형제, 자매, 친구, 애인 누구? 물론 이런 인연가운데 있으면 더욱 좋다. 없다면, 그런 사람 한 명을 찾아 나서라. 없으면 키우라. 그리고 그 사람에게 헌신하라.

24시간 고독을 사랑하라. 왜냐고 묻지 마라. 당신이 이걸 모른다면 아직 사지를 안 건너 본 것이다. 멍청한 사람, 말귀 못 알아듣는 사람에게는 약이 하나 있다. 머리 좋아지는 약. 공부 잘했다, 아이큐 좋다, 똑똑하다, 잘 생겼다, 명문대 나왔다. 그런데 개털? 가장 멍청한 사람이다. 머리 좋다고 얄팍한 짓거리만 하고 다니는 사람들.

심신이 고달퍼 봐야 헛짓거리, 체면, 허황이 밥 먹여주지 않는다는 것을 안다. 유대인의 후츠파 정신이 무엇인지를. 인생이란 24시간 응답해주는 능력있는 단 한사람. 바로 하나님이 있어야 한다.

대단한 사람이라 자랑하면서 즉시 연결이 안 되는 사람? 아무 짝에도 쓸모없다. 그 사람은 당신의 위기 시 아무런 도움이 안 되는 사람이다. 인생이란 24시간 응답하는 나무를 키워내는 게임이다. 이것이 인생의 키워드다. 똥꾼에게 에너지, 정열, 시간을 낭비하지 마라. 결정적인 순간에 똥 밟는다.

똥꾼

깨어 응답하는 사람을 상대하라.

항상 근신하여 깨어 있으라.

그때가 언제인지 알지 못함이니라.

기회는 도적처럼 온다.

술 취하고 방탕하지 마라.

주님도 이렇게 오시니라.

ㅇ꾼에게는 ㅇ밖에 안 보인다.

평소 ㅇ꾼을 구별하고 경계하라.

평소 ㅇ꾼을 가까이 하지마라.

위기와 기회는 예정 없이 온다.

왜냐고 묻지 않고 결단해 주는 사람을 가까이 두라.

단 한사람이 당신의 목숨을 살린다.

인생이란 이런 사람 단 한 명을 찾는 게임이다.

ㅇ꾼은 중요한 순간에 ㅇ을 밟게 할 것이다.

산다는 것과 돈에 대해서

한 민족이, 한 국가가, 한 사회가, 한 가정이, 한 사람이, 가난에서 벗어나기란 실로 어려운 일입니다. 형태만 다르지 모두는 생존을 위해, 돈을 쟁취하기 위해 오늘도 내일도 뜁니다. 실로 부를 쟁취하기란 쉽지 않은 일입니다. 참으로 위험한 일입니다. 오너가 되기도 어렵지만 좋은 직장 잡기란 더욱 어렵습니다.

나쁜 일만 하지 말고 어떤 방법, 지혜, 수단을 다해서 부자가 됩시다. 돈이 별거 아니라고 떠드는 사람. 무소유 부르짖으며 헷갈리게 하는 수신제가 치국평천하, 윤리도덕, 청렴결백을 외치는 유교숭상 도덕군자. 이 사람들이야 돈 없어도 된다고 치고 무능력하다고 일찌감치 자수하든지 아니면, 실력좀 발휘해서 내 빚, 카드 값, 렌트비, 은행대출금, 이자와 나아가 1,000조 된다는 나라 빚 좀 갚아 주시오.

이것도 안하고 떠드는 무소유, 돈은 별거 아니다 라고 떠드는 사람들. 아예 입을 꽤메야지~

큰 일, 큰 성공, 큰 승리는 대충, 요행수가 안 통한다.

이 원리를 모르는 사람은 어쩌다 요행수나 대충해도 되고, 아무나 하는 것으로 착각 할 수 있다. 그러나 어림없다. 대충 요행수를 믿다가는 어느 날 한 번에 천길 낭떨어지로 떨어져 흔적도 없게 된다. 큰 낭패를 경험해 봐야 세상을 제대로 볼 수 있다.

이순신장군의 난중일기, 23전 전승 임진왜란 발발 3일전 완성된 거북선.

120년전부터 대홍수를 대비해 산꼭대기에 건조한 노아의 방주.

새로운 자유 세계 제국을 건설한 미국 US.

창조주 하나님의 언약과 죄에 대한 탕감복귀 섭리 역사.

ESSCOM호는 요행수나 대충정신을 멀리하고 오늘도 승리를 향한 항해를 계속하고 있습니다. 우리의 자세는 오직 부르짖어 기도하고 애통해 하는 것입니다. 아멘.

언약의 사람

사람에게는 대원칙이 있다. 그것이 성년(어른)이 되면 약속을 지키는 원칙이다. 타인과의 약속인 것 같지만 실은 자신과의 약속이다. 약속은 말로 하는 약속 즉 언약이 있으며, 문서로 하는 것은 계약이 있다. 그러나 말이나 문서가 아니라도 가장 중요한 약속이 있다.

무언의 약속, 마음으로 뜻으로, 성품으로 목숨을 다해서 하는 약속. 그것이 무언의 약속이다.

하나님 말씀,

나는 너를 선택하였고, 나는 너를 구속하였노라.

너는 내것이라,

세상 끝날까지 너와 함께 할 것이라.

언약을 함부로 하면 절대 복의 사람이 되지 않습니다.

무언의 약속을 볼수 있는 사람이 됩시다.

세상 끝날까지 한번 약속한 언약을 지키시는 하나님. 아멘

남의 인생, 남의 일에 관여 안하기 (불필요한 인연 만들지 않기)

사람을 대해보니, 사람도 탄성의 법칙이 작용함을 깨달았다. 사람의 운명, 운, 성품과 복은 태어날 때부터 이미 정해져 있다. 가난한 나라, 독재국가, 소위 흙수저 태생 등 얼마든지 그렇다. 좋은 교육, 좋은 학교를 다니는 것은 1차적 행운이다

행동에 있어서도 즉, 복이 없는 사람(?)은 대개, 귀가 닫혀있고, 은혜를 모르고, 매사 천방지축이다. 하늘을 감동시키는 지극정성의 자세가 없는 사람은 아무 짝에도 못쓴다. 세상은 직접 뜨거운 맛, 매운 맛, 된맛, 감옥 맛을 봐야 된다. 달리 방법이 없다. 불필요한 인연을 만들지 마라. 감사와 은혜의 훈련이 안된 자와는 인연을 만들지 마라.

"하나님
나는 자유를 사랑합니다.
나는 창조를 사랑합니다.
나는 남의 자유를 간섭하지 않고

나의 자유를 간섭 받지 않겠습니다. 아멘"

우리는 멍청한 사람을 경계해야 한다.

멍청한 사람이란 말귀를 못알아 듣는 사람이다. 멍청한 사람의 특징은 고집이 쎄다. 멍청함의 선물은 가난이다. 부자가 되려면 예견력이 탁월해야 한다. 말씀, 순종은 탁월한 예견력의 최고봉이다. 순종과 아멘은 신속 민첩의 특징이기도 하다. 불순종은 "너희는 정녕죽으리라"이다.

인간은 흙, 티끌로 돌아가게 되었으며, 에덴동산에서 쫓겨나, 가난저주의 형벌에 처하게 된 것이다. 불순종은 만악의 근원이다. 멍청함은 가난저주에서 벗어날 수 없다. 개털기도를 날마다 열심히 암송합시다.

"하나님 나는 개털입니다.

도와 주시옵소서

지금까지 개털 아닌 척 한 것을 회개합니다.

개털에서 벗어나게 해주시면 모든 영광을 주님께 바치겠습니다" 아멘.

개털 탈출 10계명

1. 부르짖어 기도하라
2. 개털 종자를 구별하라
3. 복있는 사람과 함께하라
4. 마음, 생각, 약속을 지키라
5. 왜냐고 묻지 않는 자가 되라
6. 생각보다 빠르게 판단하라
7. 너의 달란트를 온전히 믿는 자를 가까이 두라
8. 순전하고 지혜로운 자를 두라
9. 판단이 둔하고 우유부단한 자를 경계하라
10. 자신 스스로 인재가 되라

현재와 미래를 승리키 위해 배운다는 것은

결국 자기 자신의 자아를 확실하게 확립시키는 일이다. 살면서 계속 더 발전시킨다는 것은 현재와 미래에 대해, 선과 악의 개념과 경계선을 확실히 정립하여 빛처럼 빠르게 판단하는 것이다. 그리고 한번 결정한 것은 일체 번복하지 않는 것이다. 그리고 그 내용에 대해 일체 발설하지 않고 입술과 혀의 권세를 다스릴 수 있어야 한다. 진리, 말씀, 승리의 법칙을 단 한번 얘기했는데 빛처럼 천둥치는 소리로 듣고 그 의미를 마음과 손바닥에 새길 수 있어야 된다. 마이동풍, 소귀에 경 읽기의 사람. 의외로 대부분 99.9%의 사람이 여기에 속한다. 오직 자기 자신 만이 0.1%가 되어야 한다.

세상은 글로벌화 되었다. 에너지고갈 문제, 기후변화, 국제물류, 전쟁, 환율, 원자재값 상승, 코로나로 세계적 위기의 격랑, 화폐증가로 인한 인플레. 보통사람은 오늘 하루 숨쉬는 것도 힘들지만, 그러나 우리가 알든 모르든 이 전체적인 요소로 인한 위기의 1,2,3의 파도는 우리에게 끊임없이 밀려오고 있다. 할 수만 있다면 오늘 숨쉬기도 어렵지만 이 전체 위기의 요인을 생각하면서 살아야 할 것이다.

복의 사람 되는 것

한 두번 맘씨 좋게 먹어서 복의 사람이 되지 않는다. 단무지를 보아도 하루 이틀만에 만들어지지 않는다. 결단력을 훈련하라. 決斷은 칼로 자르는 것이다. 과거와 현재, 어제의 나와 오늘의 나.

결단은 새로 태어나는 것이다. 긴말이 필요없다. '알았습니다' 이면 족하다.

결단의 반댓말은(?) 우유부단이다. 사랑의 여인으로 조각받기를 원하는가?

아담의 남자로 조각받기를 원하는가? 결단하는 사람이 되라. 하나님은 너를 그냥 지나치지 아니할 것이다. 항상 깨어 부르짖어 기도하는 사람이 되라.

신은 나에게 평범한 삶을 허락치 않으셨다.

평범과 안락을 추구하는 자는 나를 따르지 마라. 소화가 안 되면 소화불량 되므로 평범한 사람과 함께하라. (가난하고, 재미없고, 무미건조하겠지만) 상식과 원칙의 틀을 벗어나는 일은 아무나 못한다. 창조발명은 상식, 원칙의 틀을 벗어나는 일이다. 위기의 칼날 위와 변화의 폭풍 속을 헤치는 삶이다. 발명은 자유정신의 산물이며 창조이다. 무한 발상 전환이며 무한 가능성에의 도전이다. 나를 이렇게 가다듬어 주신 하나님께 감사와 영광을 바친다.

과연 무엇일까요?

- 과연 이 뭔가가 무엇일까요? 99.99%가 다 좋은데, 뭔가 0.01%???
- 반면, 99.99%가 안좋은데 뭔가 0.01%가 99.99%를 능가할거 같은거?
- 똥물 1그램 같은 거(?), 우라늄 1그램 같은 거(?)
- 똥물 1그램은 전부를 망칠 수도 있지만, 우라늄 1그램은

99.99%를 능가하기도 합니다
- 이것은 항상 깨어 있을 때 볼수 있습니다.
  다 좋은데 과연 뭔가 와닿지 않는 0.01%는 무엇일까?
- 운명을 바꿀수 있는 0.01%는 과연 무엇일까?

시간의 개념, 효율(부, 돈, 건강, 행복)의 개념
- 리어카 타고 다니는 개념
- 세발 자전거 타고 다니는 개념
- 제트여객기 타고 다니는 개념
- 헬리곱터 타고 다니는 개념
- 자전거 타고 다니는 개념
- 오토바이 타고 다니는 개념
- 인력거 타고 다니는 개념
- 빛의속도 우주선을 타고 다니는 개념
- 생각의 속도(빛의 1,000배)를 타고 다니는 개념
- 100년을 1년보다 못하게 살기도 하고 1년이 1,000년을 능가하게 살기도 한다.

- 하루 살이가 평생(하룻동안) 죽어라고 날았다. 몸으로 떼웠다.
- 효율을 이룬 것은 결국 기술발명이었다.
- 땀흘려 죽어라고 일하는 것을 탓할 수는 없다. 위대하다.
  그러나 효율하고는 무관하다.
- 산꼭대기 웅덩이에 물을 종일 땀흘려 물동이로 퍼올린다?
- 한국에서 남미까지 걸어서, 헤엄쳐서 건너 간다?
- 효율을 가장 높이는 방법을 연구합시다.
  즉, 최소한의 입력(노력, 시간, 돈, 고생)에 비해 출력(부, 돈,
  건강, 행복)이 극대치가 되는 방법을 항상 생각합시다.
- 효율을 정복하여 빛나는 인생의 주인공 되시기를 기도합니다.

인생의 행운과 기회

"기회는 도적처럼 온다"
인생은 도적처럼 오는 기회의 파도를 탈 때 평범을 넘어설 수 있다.
기회는 아름다운 모습으로 오지 않기 때문에 못 알아보는 것.
선한 마음으로 최선을 다 할때 행운의 여신은 서서히 모습을 드러내
보이는 것.

빛의 사자 사상의 묵상

- 항상 깨어 있으라. 쉬지 말고 기도하라. 범사에 감사하라.
- 항상 근신하여 깨어 있으라.
  그때가 언제인지 알지 못 함이니라.
- 기회는 도적처럼 찾아온다. 주님도 이러하니라.
- 선언하는 사람이 되라. (너희는 죽으리라, 너희는 티끌이니 흙으로 돌아가리라) 판단을 빨리하고, 한번 선언한 것은 번복하지 마라.
- 핵심은 단순 명료하다. "할거냐 말거냐"이다. 대하면 복잡하고 머리가 지근지근 한 사람이 있다. 멀리하라. 사탄은 영이니 생각을 통해 한순간에 들어온다. 마음보는 생각에 의해 한순간에 악이 될 수 있다.
- 말고삐, 말머리를 순식간에 낚아 채라. 상대가 말하는 사람인지, 소리하는 사람인지를 판단하라. 계산기, 저울, 주판, 가재미 눈 소유자인지 파악하라.
- 나는 시간이 없다 않겠다.
- 나는 돈이 없다 않겠다.

- 나는 하나님 나라의 부의 씨앗의 정보를 창출하는 남자이다.
- 사람은 누구나 몸 어딘가 가려울 때 바로 긁는다.

  1+1=2 다, 그러나 1+1=1 이 더 정답임을 알아야 한다.
- 세상에서 가장 어려운 일은 돈 만드는 일이다.

  또한 세상에서 가장 쉬운일은 돈만드는 일이 될 수도 있다.
- 하나님은 환란날에 응답하신다고 약속하셨다.

  환란날에 너는 나에게 부르짖어라, 나는 너에게 응답하겠고

  크고 놀랍고 비밀한 것을 보이리라.
- 아하스에로스 왕,

  에스델 웬 일이냐? 네가 원한다면 제국의 절반이라도 주겠다.
- 네가 만약 억울한 옥살를 하고 감옥에서 나왔을 때 부모,

  친척, 친구, 지인 등 모두가 등 돌리고 갈데마저 없고,

  단 돈 1원도 구할 수 없을 때, 너의 부르짖음에 응답해줄

  단 한사람이 있느냐?
- 24시간 매초, 매순간 너의 피부와 같은 사람이 있느냐?

  마음이 없으면, 아무리 넓은 창으로 밖이 보이지 않는다.

  반면 바늘구멍으로 세상을 볼 수도 있다. 이런 사람이 되라.

- 바람결 스치는 소리도 들을 수 있는 사람이 되라.

차선이 선택 된 것은, 아직 최선이 나타나지 않했기 때문이다.

내가 선택된 것은
내가 최선이어서가 아니다.
아니면 상대에게 녹록한 먹잇감이기 때문일 것이다.
따라서 긴장하라,
항상 자기개발에 노력하라.
자신이 경쟁력에서 최선의 자가 되도록 하라.
최선의 자가 나타나면 동시에 차선이 된다.
심지어 아웃되게 된다.
이것은 경쟁의 세계, 시장원리이기도 하다.
따라서 내가 최선일 때 빛처럼 빨리 승부를 내야 하는 이유이다.
우유부단과 지연, 늦은 판단력과 늦은 결단은 모든 패망의 원인이다.
왜냐고 물을 시간이 없다.

아멘으로 답해야 할 이유이기도 하다.

매순간 되 뇌여야 할 화두

1. 결단하라

2. 주저하지 마라, 망설이지 마라

3. 미루지 마라

4. 말머리를 낚어채라

5. 때에 따라서는 행동을 생각보다 빠르게 하라

6. 예견력을 가지라